一所学校的教育蜕变

孙天华 主编

THE EDUCATION TRANSFORMATION OF A SCHOOL

中国人民大学出版社

· 北京 ·

目 录

Contents

02 第二辑 换个方式做教育

03 第三辑 一场教与学的旅行

04 第四辑 学习即成长

让学习真正地发生

成就最好的自己

05 第五辑 用服务的理念做教师

前言

Preface

2016 年 7 月，我校由北京十一学校承办，更名为“北京十一实验中学”，新初一、高一年级全面实行“十一学校育人模式”，取消行政班，实行“选课走班”、分布式领导、导师制育人模式等，依据“十一课程体系”进行课程建设与重构，以“创造适合每一位学生发展的教育”为己任，开启了一场行与思的教育蜕变。

经过师生的共同努力，“十一教育理念”逐渐落地生根，带来学习方式、教学方式的变革，从学科教学走向学科教育；致力于建设有秩序、有力量、有活力、有张力的校园新生态——更加关注个体，服务学生的个性化成长。学校努力为每一位学子提供成长的舞台，让学生在学会自主规划、自我管理、自主学习的过程中逐渐成长为有独立思想、勇于担当的生命个体。

在学校转型的过程中，老师们直面教育教学中的难点、痛点问题，深入探讨，认真研究，在工作中研究，在研究状态下工作。老师们鲜活的思考、积极的实践成为学生成长、学校发展的源头活水。

这些探索为教育、教学提供了实用的工具、方法和策略，推动着学校顺利转型。反复打磨书稿的过程，也是老师们专业上进一步成长的过程。

孙天华

2018年5月

CHAPTER 01

一所学校的教育蜕变

第一辑　从国家课程到学校课程

选课走班模式下
数学课程的三点改变

李丽娟

为了更好地调动学生学习数学的积极性，使学生喜欢数学、爱上数学，初一年级数学组在教学中不断探索，做了三点改变。

一、建好学科教室，营造浓厚的数学氛围

我们为学科教室精心挑选了一批符合初一学习阶段特征、学生感兴趣、能够拓展数学思维的课外书，比如，《生活中的数学》《可怕的数学》《数学之旅》等。我们还为每间数学学科教室制作了精美的数学海报，表现生活中的各种数学。比如，上海东方明珠广播电视塔中的黄金比例、神秘的莫比乌斯桥等。学生通过海报体会到数学来源于生活、服务于生活，从而认识到学习数学的重要性。我们还为数学学科教室的每张课桌统一配置了桌垫。在教学中，我们把学生的优秀作业，比如，章节思维导图、数学手抄报等，压在桌垫下。这样不管是在这里上课的学生还是来上自习的学生随时都可以看到其他同学的优秀作业，可以发挥同伴的引领作用。为了提高学生的动手能力和空间想象力，我们为学生购置了多种益智教具，有九连环、华容道、魔方、鲁班锁、孔明锁等。这些数学教具吸引了大批学生。

二、丰富教学形式，充分利用时间

如何充分、有效地利用课堂时间成为每位老师不断思考、研究的问题。为了培养学生的自主学习能力，让学生从被动接受学习转变为自主探究学习，数学组的老师们注重培养学生的预习习惯。学生现在使用的读本按课时编写，包括学习目标、正文、例题、练习、自我诊断和拓展阅读等内容。刚开始时，有的学生以为把练习做完就是完成预习了，不会做的题就空着。在老师的指导下，学生通过“学习目标”明确了学习内容和学习重点，预习时不但将重点标注出来、完成例题和练习，而且对不理解的知识进行标注，对知识进行归纳、总结。在教学过程中，老师本着“学生第一”的原则，尽可能把课堂还给学生。根据学生的不同特点，我们在同一堂课中采取不同的教学方式。有的学生自学能力较强，通过前诊我们发现如果这节课的教学内容他已经基本掌握，就把这种类型的学生安排在教室的某个特殊区域，在其他学生学习新知识的时候，给他们布置其他任务。有的学生语言表达能力较好，老师就为这样的学生提供展示的平台，让他在课堂上为学生讲题。利用下课前五到七分钟进行后测，当堂检验学生的学习效果，明确课下的学习任务。预习、前诊、后测和丰富的教学方式可以有效提高学习效率。

三、办好数学擂台赛，激发“比学赶超”的动力

从初一年级上学期开始，我们每周组织两次数学擂台赛，每次20分钟。擂台赛的题量小、时间短、题目难度适宜。我们坚持紧跟教学、随学随测的原则，根据学习内容举办实数“一算到底”、方程“一解到底”、几何“一证到底”等活动。学生昨天或前天学习的知识今天就可以派上用场，一来巩固了知识，二来学以致用，立竿见影，颇有收获感。每个活动结束后，我们根据成绩评出“卓越”“典

范”“优秀”三个奖项，并制作海报进行表彰。这极大地调动了学生学习的积极性。这种阶段性激励比期中、期末时的激励更有效。

比如，期中考试中琪琪同学成为年级进步之最。她说：“我的进步要归功于‘一算到底’数学活动。每次测试前，我都会给自己制定一个小目标，比如，这次我要考 70 分以上。这个目标实现后，我就把下次的目标定为考 75 分以上。每次测试后我都会认真改错，争取熟练掌握。这样目标逐渐提高，逐步实现了从不及格到优秀的大目标。”数学活动为学生搭建了进步的阶梯，帮助学生在点滴进步中逐步找到自信，喜欢上数学。

“一解到底”擂台赛颁奖仪式（从左至右：许潇洋、付钰淋、贾子轩、曹益宁、赵易、陈熹、李佳璐、姜雨轩、吴雨霏、杨宇宸、李燚）

教学模式的变革促使教师必须改变传统的教学方法，不断摸索，不断研究，以学生为出发点采用合适的教学方法去激发学生的学习兴趣，提高课堂效率。

高一年级的江苏研学之旅

郭明秀

为提高学生的社会责任感、创新精神和实践能力，我们组织了研学旅行活动。

一、充分准备

研学活动前期准备工作要翔实、精确。

镇江、扬州、南京三地是钟灵毓秀之处，去这些地方开展研学活动对学生来说一定能受益匪浅。确定研学线路后，学校与家长代表一起进行旅行社招标，确定旅行社；此后与旅行社充分沟通，不断完善研学线路、学生的具体活动等并编写研学手册。同时做好参加研学活动的学生、老师的信息统计、分组、分房工作；并召开行前动员大会，提出研学过程中的具体要求等。

“南京研学课程导读手册”封面

二、游得精彩

镇江：观白娘子水漫的金山寺，寻“一眼看千年”的西津渡。

提起金山寺，人们就会想起白娘子为救许仙水漫金山寺的故事。金山寺始建于唐代，对学生了解佛教传承大有裨益。西津渡也是学生领略镇江之美的重要一环。唐代诗人漫游江南夜宿镇江渡口时写过一首诗：“金陵津渡小山楼，一宿行人自可愁。潮落夜江斜月里，两三星火是瓜州。”西津渡古街就好似镇江的时间长廊。

扬州：二十四桥听吹箫，何氏旧园闻家训。

扬州的二十四桥其实就只有一座桥，为单孔拱桥。汉白玉栏杆，如玉带飘逸，似霓虹卧波。学生漫步在这座桥上，耳边仿佛能听到曼妙女子所奏的箫声，清扬婉约，如泣如诉。

踏过二十四桥，学生又来到被建筑家罗哲文称为“晚清第一园”的何园。何园又名寄啸山庄，是一处始建于清代中期的古典园林建筑，有“中国名园，江南孤例”之誉。在这里，学生认真聆听了何氏家训。

南京：钟山风雨，金陵古都探历史变迁；大学座谈，听理工学长论人生规划。

这次研学的最后一站是南京。夫子庙、江宁织造博物馆、明孝陵、总统府、中山陵、南京大屠杀遇难同胞纪念馆、雨花台，每一处都记录了南京城不同时期的历史，有些历史甚至影响了整个中国的历史进程。学生从这些文物和遗迹里印证着书中的记载，体会着南京城的沧桑与变迁。

我们特意参观了南京大屠杀遇难同胞纪念馆，对学生而言，这是沉重的一课。历史不能遗忘，今人更需努力前行。

三、学得自在

在扬州何园，学生自己动手体验雕版印刷的过程；在南京夫子庙，学生制作线装书，感受书的来之不易。

南京博物院是南京这个经历过繁华与磨难的城市最好的记录仪。孩子们认真地看着、记着。在夫子庙中国科举博物馆，孩子们钻进格子间，体验了一把古代科举，感慨古代学子考学的艰辛。

2016级高一学生在南京博物馆前合影

孩子们还上台穿上越剧华丽的戏服，亲身体验传统越剧的魅力，好不陶醉！

在南京理工大学与学长们讨论人生规划是我们这次研学的特色活动。我们先参观了南京理工大学的校园，了解了学校的发展历史，然后又与学长们座谈。学长们各自介绍了自己的学习经验和职业规划。有了好榜样，相信孩子们对高中学习、生活的规划甚至人生的规划也会变得更加清晰。

晚上，孩子们完成每日的必修课——填写研学课程导读手册，认真记录这一天的收获和感受。

四、详细的报道

我们组织了报道小组。学生分工协作，有负责照相的，有负责写稿的，有负责排版的，每天发一篇游记，学校领导和家长借此可以及时了解我们的行程和收获。在内容选择和编辑、排版方面，学生每次都进行头脑风暴，从不同角度描述研学中的所见所闻。

五、研学的收获

研学归来，学生收获满满，家长也有话要说。

苏冉明的家长在留言中说："在这次研学之旅中，孩子们游中学，学中游，做线装书，看越剧，陶醉其中。他们欣赏中国园林之美，感受传统文化氛围，缅怀革命先烈。当然，也少不了品尝当地美食，从不同角度体验和感受江南的风土人情，增长了知识，开拓了眼界。"

这次高一年级江苏研学之旅，学生们都有收获。离开父母在外研学的这几天里，学生们一起吃，一起住，共同生活。期间，大家相互帮助，团队合作共同完成研学任务。

初中数学课程再开发

成丽君

初一年级组老师针对数学学科实行了分层教学的研究和实践。

一、分层教学具体实施方案

1．学生分层操作说明

（1）将原行政班打散，按每个学生的成绩、潜力和学习态度重新组成三个教学班。三个层次的学生采取走班制，分别在三个教室上课，三个数学老师同时上课。

（2）分层时采取由班主任和任课教师建议、学生自愿选择相结合的办法。学生自主选择适合自己水平和能力的层次。

（3）分层依据。C 层：知识基础一般，接受能力不强，学习积极性不高，成绩欠佳。B 层：知识基础和智力水平一般，学习比较自觉，有一定的上进心，成绩中等。A 层：基础扎实，接受能力强，学习自觉，方法正确，成绩优秀。

2．师资配备原则

分层走班教学能否取得显著成效，关键在于任课教师的教学和管理水平。配备任课教师时要综合考虑教师能力，并努力调动教师的工作积极性。

（1）每个任课教师都要任教至少两个层次。

（2）让每个学生都能得到适当的教学资源，力避“好老师教好班，差老师教差班”的不当做法。

3. 教学管理

（1）动态管理。新教学班实行动态管理，在期中考试后，根据学生的实际情况，结合班主任和任课教师意见及学生意愿，实行微调。成绩进步的学生可以升层，成绩退步的学生则要降层。

（2）学情反馈。教学班班主任负责教学班内学生的出勤情况、听课状况，要做好记录并及时向主管老师反馈。

二、分层教学的教学要求

1. 教学目标分层

A 层：遵循教学大纲和教材，增强灵活性。

教学策略：内容适度扩大；密度适当加大；多点变化，多点综合，多点自主，多点交流，注重培养学生的创新能力和实践能力。

B 层：遵循教学大纲和教材灵活施教，注重方法指导和综合能力培养，确保学生能力不断提高。

教学策略：侧重解决学习态度、学习方法和学习策略问题；慢变化，多练习，勤反馈；适当提升速度。

C 层：基本知识、能力和过关性知识要达标。

教学策略：难度适当降低；速度适度放慢，补缺漏，补方法；少变化，多反复，多示范，重基础，教方法，常反馈，多鼓励。

分层次地给学生落实学习目标时，教师要注意：无论哪一个层次，给学生设立的目标都应在他们的最近发展区，不能降低要求，迁就低水平学生；不可以要求学生只停留在识记、了解层面上，对 C 类学生也要提出必要的思维要求。

2. 作业分层

练习能加深学生对所学知识的理解并形成技能。由于课堂教学目标不同，为巩固所学内容的作业设计也应不同。总体而言，C 层学生：基础题；B 层学生：基础题加巩固练习题或综合题；A 层学生：基础题加能力提高题。

3. 分层评估

应以不同的标准客观评价每一个学生，定期、随时进行测试。试题均根据教学目标分为三个层次：基本题 60 分、提高题 20 分、综合能力题 20 分。降低基础题难度，让 C 层学生尝到成功的喜悦，产生成就感；提高题让 B 层学生经受“跳一跳就能摘到桃子”的体验；A 层学生则从综合能力题中感到“英雄有用武之地”。

三、课程助力学校转型

学校转型是以构建选择性的课程体系为基础的。我们通过将国家课程、地方课程校本化，实现了一位学生一张课表，最大限度地创造适合每一位学生的教育。从改变课程入手，我们启动了新一轮课程改革。

1. 课程设置

基于需求，基于教学，基于师资。

2. 初中数学课程框架

初中数学Ⅰ：适合基础薄弱、学习习惯较差的学生。教师以讲练结合的教学方式开展教学，采用小步走、快反馈的方式落实基础。

初中数学Ⅱ：适合有一定数学基础和学习能力、能较好完成学习任务的学生。老师以提供知识框架和基础知识讲解为主。

初中数学Ⅲ：主要适合喜爱数学、思维活跃、基础较好，有一定自主学习能力的学生。老师按照课程标准，以学生自主学习、小组讨论和典型例题讲解等方式进行教学。

3. 初中数学分层课程的实施策略

(1) 初中第一学期不分层，全体学生按照统一进度和要求学习初中数学Ⅱ。从第二学期开始实施分层。

(2) 用好学前诊断建议，帮助学生选择适合的课程。

(3) 把握好选数学Ⅲ和数学Ⅰ的学生占总人数的比例。

4. 建立并完善教研机制，保证课程落实

（1）组建课程建设团队，建立健全课程首席教师制度。

（2）首席教师的职责：确定课程方案，编写课程简介；研发并不断完善校本课程细目；梳理本课程实施所需资源，做资源规划，研发教材；开发诊断工具及进行阶段命题等。

在学科活动中落实英语核心素养

王 健 李金凤 陈 旭

英语学科的核心素养主要包括语言能力、文化品格、思维品质和学习能力这四个方面。开展丰富多彩的英语学科活动，既是课堂教学的延伸和扩展，又是落实学科素养的有效途径。下面以七个英语学科活动为例介绍一下英语核心素养是如何在学科活动中开展和落实的。

一、创新英语课堂

在“体验课日”中，初二英语组老师以课堂教学为载体，注重落实学生学科核心素养。有一个以描述食物制作步骤为主题的单元，教学时老师把学生分成五人一组，让学生用英语描述制作食物的过程、步骤并现场制作。学生围绕课堂任务相互交流、相互合作，从而获得知识、技能和情感体验，并发展了自主学习能力。最后，学生把做好的食物拿给家长品尝。

在平时的教学中，我们通过各种教学方法渗透核心素养，让学生自己去学，自己去理解，自己去运用。

为了尽可能多方面、多角度地挖掘学生潜在的能力，初二英语组举办了“课前三分钟展示”活动，让学生尽情地展示自己的才华。一位英语不好的学生在这个活动中，把自己小组成员的头像安到了唐僧师徒四人头像上，并用英文说唱《西游记》主题曲《敢问路在何方》，这着实让老师和同学们感到惊喜。

此外，每天中午12:30至13:30，学生还可以在教室里欣赏原音英文电影。这既能激发学生的学习兴趣，又能有效渗透英语语言文化。

“家长开放日”中学生制作食品

二、英语戏剧表演

初二年级级部共有六个教学班，每班分为几个大组，每组自行挑选剧本，分配角色，准备服装和道具，组长负责组织排练。我们力求让每一位学生都参与其中，并担任戏剧中的一项工作。在戏剧的准备过程中，同组队员相互协作，相互交流，体会到团队合作的重要性。每个小组成员编写剧本和排练的过程，都是学习的过程。演出时台下的学生不仅享受了戏剧带来的快乐，也是一个学习英语的过程。

三、英语达人秀

初二年级级部在学校的教工之家举行了“英语达人秀”活动。经过老师指导，孩子们精心准备，废寝忘食地排练，为家长、老师和同学献上了一场异彩纷呈的节目。在“达人秀”中，孩子们充分展示自己的英语才华，节目丰富多彩，既有美妙动听的歌曲，也有让人捧腹大笑的英语话剧；既有认真的演讲，也有学习经验的介绍。孩子们的自信感染着每一个人。

四、英语趣配音

期末考试结束后的第二天，我们举办了英语趣配音活动。学生的配音作品有的可爱俏皮，有的惊悚悬疑，有的温馨暖心，有的深沉严肃，博得了台下观众的阵阵掌声。除了参赛作品，中间还穿插了精彩的现场节目表演。活力四射的串烧歌曲点燃了现场的氛围，幽默搞笑的英语短剧引得学生频频大笑。活动为学生搭建了展示英语风采的舞台，在激发了他们学习英语热情的同时，也展现了才能，彰显了个性，体验和感悟了英语学习的乐趣。

五、英语手抄报

每个月初二年级备课组还会展示不同主题的手抄报。手抄报以节日为主线介绍国内外不同的节日，文化气息浓郁。除了语言内容，还介绍中西方的节日文化和风俗习惯。第一期手抄报针对中国传统节日中的春节、中秋节、端午节、元宵节展开选材。第二期手抄报针对圣诞节、复活节、万圣节展开选材。学生参与活动的热情非常高。年级评选出了很多优秀作品。英语手抄报展示活动，不仅营造了英语学习的氛围，激发了学生学英语、用英语的兴趣，也塑造了学生的文化品格。

手抄报

六、单词竞赛活动

初二年级作为知识与能力急速增长的阶段，学生需要稳固基础知识。因此，初二英语备课组在正常教学之余，还组织了“Running words”（奔跑的单词）活动，每周二利用早自习时间，针对每一单元的基础词汇、句型举行竞赛，并设计了“厉害了，Word 榜”。活动每学期共举行 12 期，以学段划分，6 期为一组，每周一次。

1. 榜单

榜单标题为“厉害了，Word 榜”，其中“厉害了”可以对上榜学生进行鼓励和夸赞，以激发动力；“Word 榜”吻合活动以词汇、句型进行考查的主题。根据学生人数，海报分为“666”组和“Running Students”（奔跑的学生）组两部分。其中“666”用来形容某人或某物很厉害、令人折服，是学生们喜爱使用的网络语言，用于表彰每班测试成绩居前五名的学生；“Running Students”意为“奔跑的学生”，有前进和进步的寓意，也与榜单标题相呼应，用于表彰每班测试成绩排名进步前五名的学生。

厉害了，Word 榜

2. 出题

我们参考教材、教参和其他资料，整合每个单元的高频、易错、实用的单词、词组和句型。词汇题型选用中译英、英译中、给出开头字母等题型。除了中英互译题型，也会根据难度调整题型为留空填词、结合语境和中文填写短语等。同时，我们还根据新中考改革形式，增加了看图写句子的新题型，以提升学生的英语运用能力。除了词汇、句型，试卷也会适度增加单项选择、完形填空题型，以增加练习的多样性。题量控制在一般学生可以在 30 分钟内完成。

3. 测试

利用早自习，与年级主任和各学科老师协调测试时间，并分配好各班协助监考的老师。为了不影响正常上课，需在上课铃响前完成测试并收回试卷。老师需要对试卷进行简单讲评，学生也需要改错。

4. 出榜

老师利用课下时间判阅试卷、登分，利用 Excel 表格排出班级成绩前五名和排名进步前五名学生，及时公布榜单，让学生随时了解自己的学习成果和进步程度。

5. 表彰

每个学段结束后，在年级总结会时我们对一个学段整体成绩居前五名和排名进步前五名的学生进行表彰，由老师颁发奖状和奖品。这种仪式感会增加学生的重视程度。

“英语 Running Words”活动表彰仪式（综合榜）

“奔跑的单词”活动打破了以往周测和月考的形式，用学生的语言解说活动，用简洁的形式展开活动，达到了巩固基础词汇的目的，同时也让考试过程变得更有趣了。学生压力小了，就会主动参与其中；枯燥少了，就会乐趣多。最后，通过阶段表彰，让学生更有成就感，使他能更明确下一步的学习目标。

七、万圣节雕刻南瓜活动

初二年级英语教师还组织了西方传统节日——万圣节雕刻南瓜活动。

本次活动旨在丰富学生的课余生活，体验西方节日的文化内涵，促进人与人之间的交流，使师生关系和同学关系变得更加融洽。

1. 活动准备

张贴海报

活动前一个星期张贴海报，通知组织万圣节当天雕刻南瓜活动。我们在教学楼的每个楼层上都张贴了活动海报，激发了学生的好奇心，使学生提前做好准备。

24 个南瓜（每班 4 个）和 18 包糖果（每班 3 包）

在万圣节前一天中午，老师们一起去超市买了 24 个南瓜和 18 包糖果放在教室里。

刀具

嘱咐学生从家里带一些刀具、油彩，并派学生去学校食堂借用了一些勺子、刀等刻南瓜的工具。

万圣节音乐和 PPT

准备好万圣节主题歌 *Trick or Treat*（意为“不给糖就捣蛋”），以及提前做好有关万圣节习俗和刻南瓜规则的 PPT。

布置教室

提前和学生一起布置教室，增添节日气氛。

2. 活动过程

发糖果

放万圣节主题歌，在轻快的节奏下玩“不给糖就捣蛋”的游戏并分发糖果。

分小组

每一位英语老师负责自己教的两个教学班。每班根据班级人数可分 4 人或 6 人一组自由组合，各负其责（设计、画图、雕刻等）。

讲规则

英语老师讲述万圣节的起源和习俗，学生学习相关知识。

请学生观看老师提前做好的南瓜灯和 PPT 上的照片，老师讲解雕刻南瓜灯的规则。

自主创作

学生自制南瓜灯大比拼，边吃糖果边伴着轻快的音乐一起自由雕刻南瓜。学生雕刻的南瓜各有特色。学生还给自己的南瓜取了不一样的名字——海盗王、糖果屋、小怪兽、大板牙，等等。对每个南瓜名字的由来，学生都能说得头头是道。

展示评比作品

学生自由创作并展示作品，欣赏作品并为自己心仪的作品投票。

合影留念

学生纷纷与南瓜合影留念。在享受作品为大家带来欢乐的同时，学生对万圣节也有了更深的理解。

此次活动不但增强了学生的集体意识，促进了学生之间、师生之间的交流和互动，而且使学生对万圣节有了进一步的了解和体验，使学生的文化品格在一点一滴的渗透中培养起来。

英语学科核心素养的实现是个复杂的过程，我们还处在起步阶段。在今后的英语教学和学科活动中，我们会继续探索和研究英语学科核心素养理念并将其应用于课堂教学和学科活动中。让每一个学生在每一节课和每一个学科活动中都能有所收获是我们的追求。

高中职业规划课程

陈　跃

高中阶段是学生成长的关键时期，对高中生进行职业规划教育能够使他们了解自己的职业兴趣，加强自我评估与认识，明确自己发展的方向，激发他们的内动力，避免他们在升学、就业时盲目选择，助力学生成长。

一、加强自我评估与认识

年级成立学生职业规划项目组，聘请专业老师开展职业规划系列讲座，使学生明确职业规划对他们成长的意义；进行标准化心理测验，如各种能力测验、个人气质测验、兴趣测验等，让学生客观地了解自己，明晰自己的性格特点及潜能，初步规划职业发展方向。

二、开设个性化课程

为把“创造适合每一位学生发展的教育”这一理念落到实处，我们根据学生需求开设了艺术素养班、美术特长班、机器人社团等个性化课程，对学生进行专业指导。个性化的课程唤醒了学生的潜能，为学生装上了自我成长的发动机，也为学生的职业规划初步奠基。

三、走进企业体验职场

根据学生需求，借助社会实践活动及家长资源，利用课余时间，我们组织学生走进不同类型的知名企业。为学生搭建与企业员工沟通的平台，帮助学生更直接接触、体验行业和职业，提升学生客观认识自我、树立正确职业目标及科学规划未来的能力。

学生走进盈科律师事务所

四、进行职业生涯测评

请专业机构为学生进行职业规划测评，用科学的方法、直观的数据、多样的方式，让学生更好地了解自己、发现自己，以确立未来职业的发展方向，设定职业生涯目标。

五、制定有效的跟进措施

我们指导学生明确无论哪种职业都离不开踏实的学风和严谨的作风，在日常学习、生活中严格要求学生，把目标的实现落实到点滴行动中。开展校园模拟招聘活动，引企业入校园，学生通过撰写个人简历、面试等环节，进一步体验职业。举办专题讲座，聘请专业人员介绍一些职业的特点、工作内容等，为学生高考志愿填报做准备。

初一物理小学段实验展示活动

韩国红

2017 年 11 月，初一学生迎来了属于他们的第一个小学段，期间选择物理的学生将分组展示自己设计的实验，还有同学评委打分。

一、部分学生小总结

1. 李明曦小组总结

物理老师让我们组成小组，用学过的知识设计一个实验，并解释它的原理。

老师发下总结单子后就让我们自己设计实验并写出原理。我们兴致勃勃地忙碌开来：有的忙着填表格；有的刷的一声擦着了火柴，又一惊一乍地急吹几口气把它吹灭；有的小心翼翼地把扎好的橡胶手套浸入热水冲；还有的把酒精灯点燃放到装满水的纸杯下面……

我们组做的是一个有关乒乓球的实验，就是敲击音叉，再把乒乓球靠近音叉，这时会出现乒乓球不停被音叉弹起的现象。这是因为发声的物体在振动，而声音能传递能量。我们的

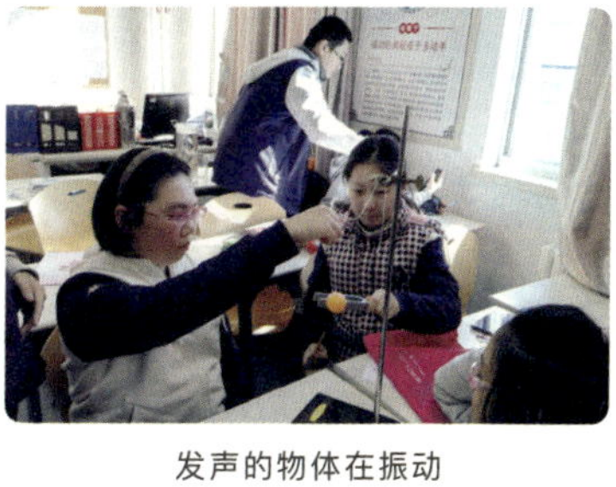

发声的物体在振动

实验进行得很成功，其他组也利用各种原理来做各种各样的实验。

当然，这是我们第一次自己设计实验，所以有一些不足之处。这次的物理实验很有意义，希望以后能多举办类似的活动。

2. 刘妍延小组总结

我们组做的是手套的变化实验。首先，把一些酒精倒进手套里，把空气挤出，系好放在热水里，手套就会膨胀，就像一只手。把它放入冷水中，它就会瘪。我们失败了好几次，不断吸取经验。第一次是没把手套系好，漏水了；第二次是水温没有达到 78 度。第三次我们成功了，效果很好，我们尝到了成功的喜悦。实验开始后，不出所料，手套膨胀了；放入冷水中，就立刻瘪了。

从实验中我们看出，手套中的液态酒精受热后变成了气态酒精，降温后气态酒精又变成了液态酒精，这说明某些物质的液态和气态可以相互转化。

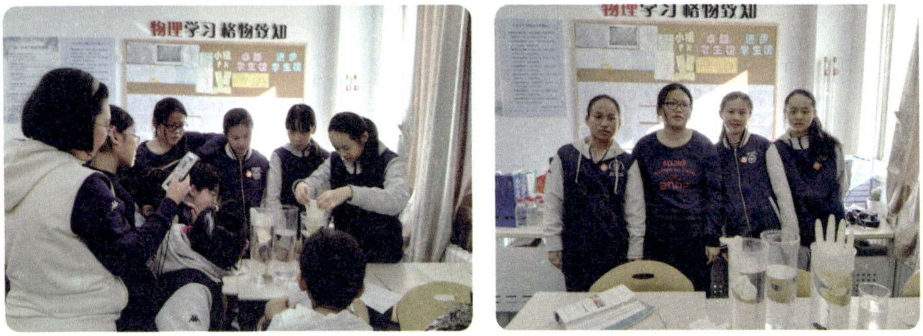

魔术手套实验

3. 李沐景小组总结

我们组做的是关于振幅的实验，材料有乒乓球、音叉。先敲击音叉，再让音叉接触乒乓球，乒乓球会被音叉弹起。用不同的力度敲击，乒乓球摆动的幅度就不同，这是因为物体发声时在振动。我们做得不理想，汇报表演时把音叉贴在乒乓球上敲击，这样其实是错误的，应该在敲击后再把音叉靠近乒乓球。我们在老师的指导和帮助下，又尝试了一次，效果果然很好。

感受振动

4. 刘志斌小组总结

在这堂物理实验课上，我和王淇一组。因为只有两个人，人数比较少，力量也相对弱。我们两个分工合作，他有他的任务，我有我的任务。他主要做物理操作实验，我念总结，我们做的实验的名字叫音叉碰水。

音叉碰水

实验用具：音叉、烧杯、橡皮锤、水。

实验操作：用橡皮锤敲打音叉，音叉股会振动，音叉股碰水，溅起水花。

总结：当水处于平静状态时，振动的音叉股触碰水后水花四溅，这说明发声的物体在振动。

5. 唐喆小组总结

这节实践课使我受益匪浅。音叉碰水使我看出声波的威力，烧水加盖使我看出在密封环境中水会加快沸腾，声音传播实验让我明白真空环境下是不可以传播声音的……这一个个实验，让我懂得了很多知识。非常感谢这次实践，使我的小学段多了一份乐趣。

实验后，当然要配上高大上的获奖证书。

声音的传播

纸杯烧水

获奖证书

二、反思

回顾整个活动，学生认真准备、汇报展示、写总结和做评委等方面的表现都不错。

1. 实验展示从准备到总结的操作流程

在展示前一周，我们用两节课为实验展示做准备。这是学生第一次设计实验。第一节课学生要提出实验预想，与老师沟通，师生达成共识后，学生写实验设计方案，老师为学生准备实验器材。第二节课学生结合实验器材进行实验，并修改实验方案。实验展示中，学生小组分工要明确；展示汇报中，要介绍器材，进行实验操作和实验结果分析。实验展示中，学生还可以竞选评委，对指定的小组进行打分。老师负责仲裁。

2．引领、示范是好的开始

当我跟学生提出实验展示准备要求的时候，看到学生的表情，我开始后悔，担心要求是不是提得过高了，在准备中可能冷场。还好，下课时有两位同学说他们想做音叉振动：通过蜡烛火苗的跳动来显示音叉振动发声的现象。我很高兴，这会带动其他学生。

我及时指导他们如何写实验方案，包括实验器材的选取、实验原理（依据）、实验操作步骤、注意事项和实验结论等。

3．依据学生的能力进行个别化指导

在实验准备中，有的学生在老师的指点下很快达到预设，但总有一部分孩子并不能跟上。比如，性格活泼、思路开阔的沈宥希小组，实验方案总在变，沟通几次都没达成共识。最后，我让她们小组在几个方案中选择，研究声音的传播。这个实验有一定难度，但他们喜欢。刘妍延小组最初没有思路，为此我和她们一起设计实验，把酒精倒在胶皮手套里，加入开水看手套变化，研究酒精的物态变化。

4．坚持就是胜利

这次实验展示对我来说也是第一次尝试，几次都想打退堂鼓或者降低标准，但最终还是咬牙坚持下来了。

通过这次尝试，学生体会到了一个实验从设计到准备、从准备到实践、从实践到总结的种种不易，收获的不单单是一个实验，更是物理学科素养的提升。这样的尝试也是老师的收获和财富。

地理体验课

毕文凯

体验课对老师来说是一个展现学科特色的好机会。体验课课时灵活，长的可达 3 个小时，老师可以根据需要安排课时。

想让学生体验什么呢？对学生来说，这是他们升入初中后第一次接触地理课，也是学生与老师第一次近距离接触，正是一次塑造第一印象的机会。首先，我们可以让学生体验课堂形式和老师的教学风格。其次，要让学生了解地理学科初中三年的主要内容和评价要求。再次，可以展示学习的方式和任务难度，让学生体验他是否能学好这门课。最后，通过三个小时的课程让学生感受学科特色，激发起学生的兴趣。“圈粉”能否成功重在老师能否激起学生的兴趣。

下面分享一个我设计的体验课。设计理念主要体现在四个方面。

一、教学设计的情境化

第一堂课我设计了一个活动，将需要讲给学生的知识装进一个个“容器”里，活动的名字叫作“投其所好”。所谓“容器”是 6 个类似手机 APP 的图标，有音乐、娱乐、图片、旅游、新闻和视频等。这些图标，学生一看名字就会兴奋。学生自己选择一个感兴趣的图标，点进去。比如，选择音乐的图标点进去后是三首歌。比如，第一首是

《好汉歌》，这是为了让学生边听歌边思考“大河为什么向东流”。这样的设计，一方面将老师需要传达的知识融入情境中，另一方面也让学生觉得生活中处处有地理知识。

“投其所好”活动介绍

二、课堂形式的多样化

地理组的老师们一起设计了三种不同形式的课：第一种是地理综合课，整体介绍地理学科和地理课堂；第二种是体现地理实践性的学生动手活动课——中国的地形、地势活动课；第三种也是实践课——运用地图进行校园定向越野。

三、为学生提供展示的平台

体验课应该最大限度地接近平时的课堂，因此，在体验课中我也设置了展示环节。一个是让学生做老师，走上讲台，让他们有更多展现自我的机会。站在刚刚熟识的小伙伴面前介绍自己的作品，对初一年级的学生来说是很自豪的事儿。对此，他们是很积极的。另一个就是“为我喜欢的作品点赞”，并说出喜欢的理由。自我展示是一方面，初一的孩子刚刚组建一个个新集体，这也是寻找伙伴的好时机。因此，体验课可努力为他们提供互动交流的机会。

学生讲解“比例尺的三种表示形式”

四、边“玩”边学

为了让学生了解学习地理的一些方法，我将一些地理知识放进歌曲里面。我根据《青春修炼手册》的曲子，将地理知识改编成歌词。孩子们边听歌边了解学习地理的方法，特别喜欢，听得特别认真。在这样一种“玩”的状态下轻松学习，孩子开心，老师也满足。

体验课要体现学科特色，注重各个环节的衔接，并注重增强学生的体验感。另外，要为学生提供展示的机会，初一学生展示自我的欲望很强，他们希望得到老师、同学的关注，希望找到在集体中的存在感，这些都可以为我们设计体验课提供灵感。

英语趣配音

陈　旭

学科活动是提升学生核心素养的一个重要路径，也是很受学生欢迎的教学活动。它依托学科知识，通过各种形式将知识应用于实践并内化于心。“英语趣配音”比赛作为英语学科活动，培养并提升了学生的英语学科素养。活动从获得灵感到策划设计，从实际操办到后续影响，都体现了以学生为中心的理念，并围绕“趣”字展开。

赛前宣传海报

一、活动背景

中考改革后，英语考试增加了口语部分，多方面、多角度地提升学生的英语听说能力势在必行。英语趣配音比赛是十一学校英语学科的传统活动，每年都会以不同形式组织学生参与。学生积极性很高，不仅喜欢反复回听自己的配音作品，也时常欣赏其他同学的。此外，学生对西方影视作品也有较多关注和较大兴趣，一些热映的英美电影成了学生聊天的话题，其中一些对白和桥段也是学生热议的内容。

二、活动流程

英语趣配音比赛借助同名手机应用软件，让学生在软件提供的大量英美视频中选择自己喜欢的影视片段来配音。此活动借鉴了十一学校组织相关活动的经验，并做了改造和创新。

1. 海选工作

以往的全校性活动通常以班级为单位，层层筛选，再晋级通关，英语趣配音活动则是让全体学生平等参与，自主、自由地参与。但若要实现这一想法却费时费力。为此，我们想了两个点子。第一个点子，借助手机软件进行海选。我们先建立一个海选投稿专用微信群，用于收集学生的参赛作品。学生的参赛作品可以通过一键转发，直接把链接发到海选群里，既方便操作又公开透明。第二个点子就是宣传海报。我们的海报有下载软件的二维码和趣配音海选微信群二维码。学生们通过手机扫码，可以准确、快速地下载软件，反复练习后可以把自己最满意的作品转发到海选微信群中。

本次活动海选结束时，共计有超过 100 名学生参与比赛，超过全校学生总人数的 20%。当然，微信群需要有管理员进行维护，要说明比赛规则，提醒投稿截止日期，明确微信群使用纪律。学生报名并上传参赛作品后，英语组以年级为单位进行筛选，并按比例推选优秀作品进入决赛。

2. 赛前准备

海选完成后，下一步决赛准备工作就复杂、烦琐多了。先要招募工作人员（通常为校学生会成员或志愿者）：两名学生主持人，需写好主持词并做现场主持；一名 PPT 制作人员，根据比赛流程制作 PPT 和作品链接；一名设计师，设计评委的评分卡片并制作节目单；若干活动助理，核对选手年级、姓名、配音作品，并布置、装饰活动会场；活动策划人，联系负责技术的老师和负责场地的老师，包括邀请英语老师和艺术老师作为专业评委。这些工作往往都需要至少提前一周准备，以保证各项工作人员在决赛当天都能顺利到位。此外，每班自愿加入的志愿者和一两名大众评审也需要英语老师挑选并邀请他们帮忙宣传。为了增加比赛的吸引力，每个年级还要推荐一个现场表演的群体英语节目，以便让更多学生展示自我，发挥才华。

除了人员分配，我们还要对比赛当天各个时间节点进行确认，对现场座位的区域功能进行划分。这些都需要工作人员现场引导。比赛前一天的彩排十分重要，需要确认活动幕后参与人员的具体工作内容，对表演的节目走位和调整细节，并确保每一个环节都有专人负责。

3. 决赛流程

幕后参与者就位，做好前期准备（摆放嘉宾牌、引导嘉宾评委入席、分发节目单、播放暖场音乐、志愿者就位、发评分表）

⇓

引导观众入场

⇓

活动开始

主持人开场：介绍活动规则和评委团

初一作品展示 → 初一节目 → 收评分表。

初二作品展示 → 初二节目 → 收评分表。

高一作品展示 → 高一节目 → 收评分表。

高二作品展示 → 高二节目 → 收评分表。

（本活动在七月份举办，故没有初三、高三学生参与）

主持人总结、感谢。

⇓

嘉宾评委及现场演员、观众退场

⇓

工作人员整理会场，归还设备

4．赛后工作

根据评分统计结果，选出优胜作品，对选手进行表彰（一周内完成）。

学生在演唱歌曲（从左至右：刘嘉琦、梅蕾、黄越、王晨）

三、活动亮点

学生在表演英文戏剧《皇帝的新装》

英语趣配音活动脱离了沉闷、无趣的背诵模式，是一种轻松、自由的学习模式。这种模式不仅可以帮助学生提升英语口语，同时也能使学生在配音的过程中了解原汁原味的欧美文化，从而培养英语学科素养，提升英语学习兴趣。以学生为中心的流程设计，将中学生的性格、特点与兴趣、爱好结合到活动中。

第一，自拍是当下年轻人喜欢的拍照方式，学生在自己掌控的镜头前也多了份自信和放松。自拍的形式化解了学生在镜头前的尴尬，可爱的后期配图也让学生更加有青春活力，海报成型展示时围观的学生络绎不绝。

第二，活动利用软件，参赛选手不必现身决赛现场，便可通过PPT超链接播放他们的配音影像，评委和观众直接在大屏幕上欣赏配音作品，仿佛置身电影院，是视觉与听觉的享受。

第三，比赛作品的评选方式为师生共同参与，既有英语老师和艺术老师作为专业评审团评判作品的发音和声音表现力，也有学生作为大众评委以中学生的眼光和审美选择他们喜欢的作品。

第四，在评选配音作品过程中穿插了丰富的英语节目，有英文歌、舞台剧，还有街舞等，打破了单一、传统的活动形式，使比赛的观赏度得到提升。穿插才艺表演为更多学生提供了展示特长、爱好的舞台，提升了他们学习英语的自信心。

大众评审卡

第五，虽然前期的海选阶段时间较长，但考虑到学生期末的学习压力大，决赛时间特意定在期末考试结束后。这时，学生心情比较放松，时间也较为充裕，全校学生参与度较大。观众挤满了会场，甚至不乏全程站着看完比赛的学生。

第六，活动整体流程注重设计，大胆创新，灵活机动，充分考虑了时代特点和学生喜好。

英语趣配音比赛结合了模仿语言的艺术和不同声音表现力的美，做到了寓教于乐。

地毯上的芭蕾

彭诗朦

在十一实验中学，艺术体操是一项新体育项目，因此，成为该项目的开拓者我很开心。初来学校，我有一个小目标，就是组建艺术体操校队并且带领校队去参加北京市及全国的比赛。但这并不是件容易的事。艺术体操是一项手持轻器械的难美类竞技项目，它分为集体项目和个人项目，学生必须有扎实的基本功以及熟练的器械技术，才能够完成技术动作。从年龄上看，初中生想要深入学习这个项目相对较难，而学校中有艺术体操基础的学生少之又少，因此建立校队的目标我便暂时搁置了。

一、成立地毯上的芭蕾社团

虽然无法组建艺术体操校队，但可以培养学生的兴趣。在上艺术体操选修课时，我注意到一名学生。她的身体素质好，外形条件也好。下课时，我就找她聊了聊。她告诉我她以前练过体操，也特别喜欢体操和跳舞。听后我很高兴，便问她要不要参加艺术体操社团。她特别高兴，连声说好。于是，艺术体操社团就有了第一名成员，也是后来社团的团长——王舒仪同学。我们的这位团长特别给力，她动员了十名有兴趣的同学参加，大家一起商量社团的名字。最后，“地毯上的芭蕾”社团诞生了。

二、决定参赛挑战自己

训练前热身

社团刚成立，成员基础薄弱，起初我们并没有参加比赛的打算。但9月底我接到了一个比赛通知，比赛时间是11月12日，当时我开玩笑地问学生愿不愿意参加全国大赛，只有一个月的准备时间。本来以为她们会拒绝，没想到她们态度十分积极。为了不辜负她们的热情，我决定带她们参加比赛。“参加比赛”这四个字一说出口，顿时感到压力山大。艺术体操需要13米×13米的地毯，四周需要有宽度至少4米的安全区域，比赛场馆的高度至少8米，而学校还处于校改阶段，没有艺术体操场地。

三、从阳春白雪到下里巴人

为了快速备战，我大胆简化了基础训练，主攻身体动作。艺术体操需要学生有柔韧素质，但柔韧素质并不能速成，因此，我们将重点放在动作的标准化以及一致性上。身体感觉暂且还谈不上，那么我们就重点强调肢体动作的“横平竖直”。学生从小学到中学都在做广播体操，广播体操的基本要求就是“横平竖直”，所以，这对她们而言是能够接受的。

在学习动作的阶段，我将每一个动作都以“横平竖直”的方式来教授，将艺术体操的动作广播体操化，这样更便于她们学习。刚开始教动作时，先教成套动作中最简单、最易接受的部分，以建立她们的自信。这样学生学得开心，也就有利于以后的训练。在训练过程中，最发愁的是难度动作的教学。在比赛中若是难度动作完成不到位，分数一定是上不去的，更何况是集体项目比赛，若是一名学生的难度动作没完成，整体都会被扣分。不会跳，难道还不会走吗？因此，我将原本是跳跃的步伐全都改成了走。学生先把跳跃动作走出来，走熟练，慢慢地再将跳跃的动作加进去。这样虽然进展较慢，但对没基础的学生来说是容易接受的。面对这样的学生，就是要采用“掰开揉碎”的方式进行教学。

配合音乐，也是训练过程中的难点。艺术体操的音乐与广播体操的音乐节奏不同。广播体操的节奏平缓且强烈，所以更容易令人接受，但艺术体操的音乐节奏变化是丰富的，对普通学生来讲还是有难度的。因此，我们将音乐按节奏分成小段，让学生分段进行配乐练习，遇到较难的段落就多次重复练习，循序渐进地将每小段音乐合并练习，最后才配合整首音乐练习成套动作。

四、人人都有亮点

原本我们选拔了六名学生参加比赛。六人在队形上也是比较好编排的。霏霏同学是队伍里面身体条件最好的，也有一些体操基础，是我们团队的亮点和顶梁柱。但在临近比赛时，她因游学时间和比赛时间冲突只能退出。失去了亮点，整个队伍的确暗淡了许多，另外五名队员，也都少了些信心。但是为什么不能

队形排练

把这五位队员都变成亮点呢？每一位学生都有自己的特点，有自己的长处，我要善于发掘她们的长处。例如，队长王舒仪，她的动作干净、有力量并且幅度大。在排队形时，将她排在最前面，就能把队伍整体的动作幅度都带大。队员吴澜虽然个子小，但是头脑机灵，学动作快并且记得最熟练，有较难动作时，就把她排在队伍最前面。杨佳凝同学做动作最富有表现力；李若涵同学身材比例最好、气质过人；汤蕊嘉同学虽然基础最弱，但最刻苦努力。这样看来，只要让每一位同学都发挥长处，我们的团队还是很厉害的。

五、正式参赛

赛前练习

参赛时合影（从左至右：李若涵、王舒仪、汤蕊嘉、杨佳凝、吴澜）

经过一个月的艰苦奋战，我们终于站到了赛场上。第一次参赛，就参加全国大赛，学生们都很紧张。在“徒手”项目比赛时，当裁判宣布北京十一实验中学上场时，学生因为太紧张，以致在举手示意后，站在原地忘了如何上场。场外的我，情急之下用击掌的方式提醒她们。当她们听到掌声后，仿佛才缓过神来，跟着我击掌的节奏走上了赛场。虽然出了点儿小意外，但学生很给力，稳稳地完成比赛，并且动作的一致性非常好，结果“纱巾”项目以 8.15 分的成绩获得了初中组第二名。

有了这样一个好开头，学生们变得更加有信心了。接下来的“徒手”项目虽然有小失误，但整体还不错，以7.90分的成绩获得了第二名。最终获得了中国学生艺术体操锦标赛初中组集体“徒手”项目、“纱巾”项目第二名的好成绩。

我本以为学生们会乐开花，没想到她们从赛场上下来后居然抱在一起哭了。我问她们为什么哭，她们的答案使我既惊讶又惊喜。惊讶的是她们得了第二名，这对没什么基础且只有一个月备赛的团队来讲，已经是非常好的成绩了，但她们竟然觉得自己表现得不够好；惊喜来源于她们的决心，她们对我说：“老师，我们回去后会更加努力地训练，好好练习基本功，明年我们要拿冠军！”

CHAPTER 02 一所学校的教育蜕变

第二辑　换个方式做教育

选课走班模式下的教育顾问工作

王　月　陈　岳　高红霞

经过一年的实践，在做中学，在实践中思考，对教育顾问工作我们有了一些认识和体会。

一、转变思想是前提

1. 校服要不要统一

在开学初的第一次年级教师会上，作为新上岗的教育顾问，我根据以往经验，针对新生入学的教育管理问题，提出了年级要不要统一校服这个问题。我的考虑是：十一实验中学的校服款式多样，学生可以自由选择，但不是很好管理；如果学生着装不整齐，就显不出年级的统一性，而且在升旗仪式、集会、游学等重大集体活动中，学生如果不统一着装，不好识别。以前不同年级的校服采用不同的颜色，教师一下子就可以辨别出是不是本年级的学生，学生出现问题时也好及时发现、解决。对我的提议，有的老师是赞同的，但有的老师认为，“不能统一。这不符合让学生学会选择的理念。学生只要穿校服就可以，至于什么款式，让学生自主选择，年级不统一要求”。

2. 练字纸要不要统一

事情发生在开学第一周。为了让学生规范地书写，我们决定让学生每天练字。以往，我们会要求学生使用单线本写字，但这次我们要求学生用书写纸。留作业时，我没有告诉学生具体用什么纸，只是向学生描述了这种纸的三项特征——作文稿纸大小、格子是红色的、每格比作文稿纸的要大，让学生周末到商店或批发市场买。

周日下午，一名学生家长发来图片，问我："老师，是这种纸吗？"我看了下说"可以"，她马上说："太好了，大家都在猜，我要发到群里去，免得大家买错。"我忽然意识到不能简单地回复"可以"。从这名家长的反馈中，我发现，无论家长还是学生，都希望老师给一个"统一"的答案。大家潜意识里都希望全班能整齐划一，认为只有"统一"才是正确的。虽然这是语文学科的事情，但这恰恰反映了我们在转型期遇到的理念转变的问题。我们已经习惯于用"统一"的标准管理学生。在对传统行政班的教育管理中，我们希望班级稳定。这种稳定往往需要用"统一"的管理标准来保障。在这种环境下，学生的个性发展必然会受到一些约束。于是，在这样的管理下，一些学生就失去了自我思考的意识，习惯于听从老师的安排。而选课走班追求的是提高学生自主管理教育的意识，引导学生自我规划、自我管理，不是靠老师来"管"。我们要做的是在统一目标的前提下，尽量尊重学生的选择，成就学生的个性发展。

二、明确职责

教育顾问工作是年级管理工作的重要组成部分。工作原则为重在引领，预防为主。主要工作为解决个别学生的突出问题，面向全体学生，关注他们的日常行为，做有效的教育。教育顾问的主要职责如左图所示。

教育顾问的主要职责

三、换个方式做教育

在这一年中，我们采用多种形式对学生进行引领，以便促进学生养成良好习惯，促进学生由他律向自律过渡，培养学生的责任意识。

1.“我”就在你身边：海报张贴要让学生看得到

对初一新生来说，尽快适应初中生活，养成良好的行为习惯很重要。还要像以前那样靠老师告诉他们，或者开个大会提出统一要求吗？显然不能再这样做了。我们必须改变以往说教的模式。经过思考，我们决定利用在楼道里张贴海报的方式，引导学生发现自我，关注自我，认识自我，改变自我。于是，我们设计了“校服，我的品牌，我的品位，我们的骄傲”“尊师，我们的名片”“环境保护温馨提示”“带你认识校园”等海报，以帮助学生快速适应初中生活，养成良好的行为习惯。我们不再生硬管教，而是温馨提示。随处可见的海报，就如同老师在学生的身边不断提醒他们。

2. 集会引领：群星闪耀

教育顾问要通过引导学生开展活动，以了解、熟悉学生，引发他们思考。年级层面的统一集会次数不多，为了充分利用有限的集会时间，更好地发挥教育作用，我们每次都精心安排，特别注意用好第一次年级表彰会。

第一次年级表彰会是在学生入学两个月、第一次学业诊断结束后召开的，主要是表彰各方面优秀的学生，总结两个月以来的初中生活，并提出新要求。

在这次集会中，我们给学生搭建了展示个性的舞台。从主持到颁奖、采访等都是学生主导，教师只担任顾问。在这次集会上，学生充分展现了自己的风采，特别是小记者采访环节十分出彩。他们虽显稚嫩，但不失自信，无论提问还是回答，都彰显着个性。两个月的初中生活，让他们发现了自我。

集会的最后一个环节是教育顾问总结。我们没有上来就对学生进行说教，而是精心挑选了一个动画片——《鹬》，用学生喜欢的方式引发学生思考。这个动画片时长只有6分钟，讲述了一只小鹬成长的故事。学生对动画片很感兴趣，看过后都会有自己的认知。然后，我们顺势将他们选课走班时可能会遇到的问题，以及应对的方法呈现给他们，让学生明白：他们就像动画片中的鹬那样，等待没有用，不能等来食物，在困难面前一味恐惧也换不来食物，只有成为勇敢的人，改变自己，才能获得成功。升入初中后，你是不是也还在等着老师安排？面对众多未知的知识，你是不是也心怀恐惧？学科活动中的挫折，会不会让你不敢向前迈步？如果是这样，三年的初中生活你又该怎样度过呢？……总之，改变自己，是最需要做的。要改变自己对待学习、生活的态度，改变不良习惯……成长需要付出，要想有收获，就要成为勇敢的人。

3. 同伴引领：伙伴的力量

让身边优秀的学生与同学分享他们的经验，引领大家共同进步。从学生刚入学开始，我们就注意在各个方面发挥同伴引领的作用。

在导师班上，我们让班中规划做得认真、细致的学生分享经验；在课堂上，我们请听讲认真的学生分享他们的心得；在阶段总结会上，我们请年级的优秀学生代表刘嘉琪和江梓源两位同学，结合自己的学习体会，从自主规划、自我管理两个方面分享经验，以便让更多学生从他们的成长中汲取力量来改变自我。这样的同伴分享，发生在每一天、每节课上。学生从同伴身上学到了许多，他们同样将自己的经验分享给更多同学，我们欣喜地看着他们成长。

4. 制度引领：严格但有温度

针对学生使用手机的问题，我们与导师共同商议，确定了年级的六字原则：“不显声，不显形。”导师与学生具体商议如何管理好手机。我们的宗旨是，尊重学生的选择，并有效引导学生管理、使用好手机，减少违纪现象的发生。

在年级自习管理中，我们注重发挥教育顾问的作用，协助导师，努力避免学生在自习课上因无所事事而出现违纪现象，帮助学生养成自主规划、自我管理的习惯，上好自习课。如果在自习课上出现违纪现象，我们就与学生进行约谈，了解他们违纪的原因，给予具体指导。我们给每位学生都发了一张“一天学习计划总结表”，让他们事先安排好每节自习课的任务，并做好记录。一天一总结，每天放学后学生要到我们教育顾问这里交旧表领新表。在交表时，我们会与他们进行交流，帮助他们分析每节自习课的任务安排是否合理，第二天应如何改进。通过一段时间的跟踪、检查，约谈的学生自习课纪律都有明显改进，有效地帮助了学生。

回头看一年来我们走过的路，我们发现，思想转变是行动的前提。思想的改变——从管到导，让学生收获了不一样的成长。

活动设计心法

王 涛

担任活动顾问，我感觉压力很大。之前参与的、见到的教育活动往往以灌输和说教为主，德育知识化的弊端明显。在学校转型、课程改革之际，如何当好活动顾问，设计让学生喜欢的活动呢？两年的尝试，让我有了一些体会和思考。

一、宗旨

汪佳凝同学在演奏《高山流水》

首先，要搞明白为什么设计。很多老师都组织过各种形式的班会——诗朗诵、小品、三句半、歌曲表演等，还有事先排练好的“随机”发言。模式化，走过场，生硬、低效，想想都觉得无趣。因此，在设计活动的时候，我最先考虑的问题是：学生喜欢什么？他们需要什么？内容有趣吗？环节怎么设计才有新意？学生喜欢是我设计活动的主要考虑之一。要把枯燥乏味的说教变成生动活泼的活动，给各种学生提供展现自我的平台，使学生找到应有的快乐，才能“春风化雨，润物无声”。

二、原则

1. 要有趣味性

设计的活动要有趣。要使用多种形式，加入多种元素，调动多方力量。目的只有一个，就是有意思，学生喜欢。我们的活动是给学生设计的，如果学生不喜欢，那就是徒劳，浪费资源。而学生的世界里好玩的东西太多了，要设计出符合学生胃口的活动很不容易。

马兰文菲同学在表演二胡《战马奔腾》

2016 年 10 月举行的“庆国庆迎重阳”活动，变换了形式、内容，强化视觉效果，发挥集体优势，给人不一样的感觉。采用类似于集卡换礼的形式，学生完成规定的 6 项任务就能兑换 6 个为 1 串的小红灯笼。任务难易适中，学生可以通过制作感恩卡换签名，在现场完成一些游戏也可以得签名。游戏的设计结合了校情和活动目的，设置了与长征相关的内容，比如，双人拔河起名“争夺武器”，攀岩起名“爬雪山”……游戏项目介绍除了讲解规则外，还介绍了长征的一些情况。游戏有趣、难度不大，学生能较快集齐 6 个灯笼，将灯笼挂在楼道里写着自己名字的地方。活动结束后，楼道里形成了灯笼长廊，鲜艳醒目，家长参与游戏、做裁判，这些都提升了学生的兴趣。

2. 要游戏化

植入游戏，这是吸引学生的设计法宝，因为游戏比较贴近学生的心理特点。2016 年 11 月，我设计了挑战活动——“挑战擂台赛”，让学生寻找自己的对手，在海报上写出名字作为宣战。这顿时在学生中掀起了大波动，学生感受到了“无对决不江湖”的激烈与紧张。大家体验着“攻与守”的乐趣，守擂的人是为荣誉而战，攻擂的人则是为梦想而战。每个人从中既获得了乐趣，又能获得一份前进的动力。

“千年一会”拱形门

3. 要直观

传统的学段总结、表彰，形式陈旧，少有新意，难以让学生有触动。所以，我做了一个小小的改动——“奖励支票”，竟然带来了很大变化。“支票”上面的公章、校长签名、银行账号都像真的。每个获奖的学生拿着“支票”，内心充满了自豪，好像手里的支票就是真的。支票很直观，它一般会出现在成人世界中，我把它移植到学生的表彰仪式上，学生的热情就被调动起来了。这样具体而直观的鼓励增强了教育效果。学生纷纷在自己的朋友圈里晒图、晒“支票”，无论获奖的还是没有获奖的，都感受到了正向引领。

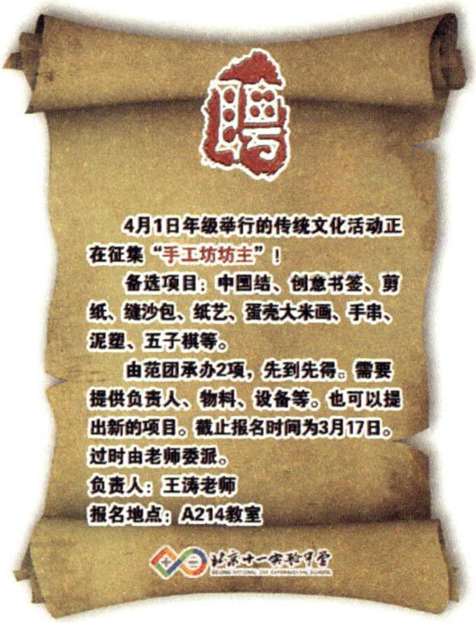

古色古香的“手工坊坊主”招聘启事

4. 要与时俱进

当今时代信息更新很快，学生又是极其愿意接受新鲜事物的群体，我们在设计活动时要想做到形式新颖，一定要关注新鲜资讯。作为活动策划者，我深切地体会到设计活动不易，既要及时捕捉信息，又要紧密结合当今生活，还不能生硬，更不能说教。有了这样的认识，设计出来的活动才可能贴近学生、吸引学生。

2017 年 5 月，北京市海淀区要求各校制作“平安校园”的 MV 上交，学校把任务交给了初一年级，这个任务也就落在了活动顾问身上。接到任务后，我就在想如何选择符合当今时代特点的题材，怎么把活动设计得有意思、有意义。一个念头浮现出来：可以把十一实验中学在转型时期的课程、学生的校园生活展示出来，于是考虑做《相亲相爱一家人》的 MV。由我们这些非专业人士组成的策划组和演唱组毫无经验，但学生的积极性高涨、执行力很强、效率很高。结果我们做成了这件事，大家都特别有成就感。

负责摄影的魏泽越同学周末在玉泉路桥上站了半天，进行延时拍摄；演唱组的同学自发组织练习；自行车车队安排在早晨 6 点多拍照，其中有初三学生，本来这几天可以在家复习，不用来学校的，他们也自觉换好服装，拍完后再回家，毫无怨言；负责后期制作的李佳璐同学更是花了两天一夜时间，不断修改。

大家克服了各种困难，密切配合。这一活动能满足学生的心理需求，所以，学生即使苦也不觉得苦了，即使累也不觉得累了。回想当初，如果生硬地表现“平安校园”，学生对枯燥说教的东西是不会买账的。对此，我也感到很自豪，而且深受鼓舞：学生在这次非正式学习活动中受益匪浅，我们是在做“真正的教育”。

5. 要贴近学生

活动的对象是学生，我们就要注意使用学生的话语体系，只有这样才能吸引学生。2016 年 9 月开学时，我策划了“加入范团，成为典范”的活动。

范团里有这些“范儿”：注重修养的“绅士淑女范儿”，注重品行的“爱心范儿”，侧重专长的“记者范儿”，让人羡慕的“学霸范儿”，还有“领导范儿”——招募有管理才能的学生，将来参与级部活动的组织与策划，“守纪范儿”——着力培养学生中的自律榜样。

“范儿”的提法贴近学生。没有生硬的教化，没有死板的规定，是学生的自我教育，是相互模仿、竞争，让学生身上优秀的因子凸显，发挥主导作用。学生愿意做，喜欢做，主动做，他们的主动性就调动起来了。每个范团都有各自负责的工作，学生都主动承担任务。比如，“绅士淑女范儿”的学生主动去食堂维护秩序，“记者范儿”的学生在重阳国庆活动中做起了小记者，有拍照的，有采访的……

“范儿”是个很流行的词，学生也很愿意被夸一句：“真有范儿！”这个活动抓住了学生的心理，谁不想有范儿呢？参与各个项目看起来是物理反应，但实际上每个人身上都发生了化学反应：他在范团工作中显现的优势增强了他的信心和做事的主动性，别人在范团中的出色表现也加速了他变化的进程。

三、要点

1. 避免幼稚

设计活动时要尽量做到内容不单一、形式丰富。组织学科活动时也是如此。比如，语文学科“千年一会”大型传统文化系列活动，历时五个多月，需动用手机、电脑等多种工具，学生设计海报、做手抄报、出测试题、制作音乐相册等，

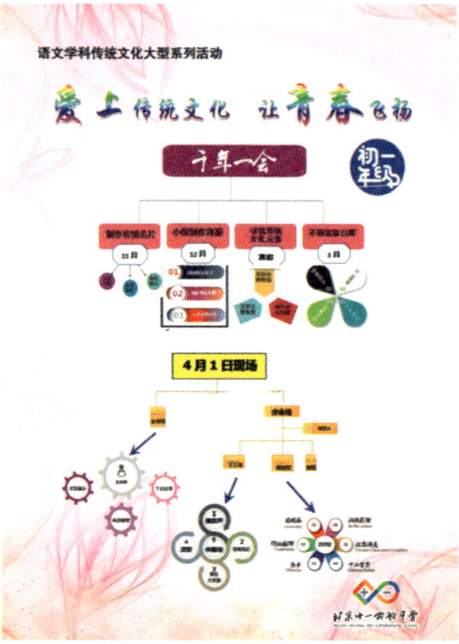

“千年一会”流程海报

锻炼了学生的多种能力。

2. 避免重复

设计活动时要做到不重复，要加入新元素，这样才可以保证学生的高度关注和持续热度。

3. 不要折腾学生

不搞花架子，不急功近利，不让学生做我们的牵线木偶。学生不去做演员，应该在活动中真正得到锻炼。

4. 避免高投入低收效

活动设计时还要评估成本，避免学生投入过多精力，以提高性价比。有些烦琐的事情需要我们亲力亲为，为学生扫清障碍；有时要退到幕后辅助学生，给学生提供平台。

5. 关注细节

设计方案还要考虑到执行的层面：执行起来是否复杂？是否会牵扯老师、学生太多精力？谁来执行？能够完成吗？有的可能太难，学生会放弃；也可能太简单，师生中途就没有了热情……

学生制作海报的宣传海报

活动设计的心法，用一个关键词来形容就是“学生”，用一句话来概括就是“以学生为本”。新学校教师不只是“传道、授业、解惑”，我们还是帮助每个孩子成就更好的自己的平台提供者，发现每个孩子都是一座富矿的淘金者，帮助学生确定人生方向、唤醒内心动力的领路者，引导孩子发现自己并走向成功的陪伴者。

我这样做导师

孙天华

“十一育人模式”倡导关注个体，全员育人，人人都是导师。

在学校转型初期，导师在一定程度上兼负了班主任职责。但是，导师不是班主任，导师工作的重点在“导”——帮助学生进行人生与职业规划，对学生进行心理疏导和学业指导，入学初则侧重对学生进行选课指导，帮助学生寻找心理归属感，搭建平台让学生尽快找到志同道合的伙伴，更快地融入团队、进入学习状态。

作为导师，我是这样开展工作的。

一、开展导师工作的策略与方法

1. 参与建构丰富多元、可选择的课程体系

导师要更多地参与学生的学习，走近学生，陪伴、引导。例如，参与活动课、游学课程、卫生天使课程、自习管理课程等；编制实用、有效的“学生选课指南”，帮助学生进行个性化课程规划；在参与课程建构时，由于了解学生真实的需求，有助于建构利于学生发展的有趣、有效的个性化课程，满足学生个性化的需求，有助于校园呈现群体多样性与个体独特性并存的生态。

2. 担任分布式领导，参与年级工作

导师担任分布式领导（见图 1），参与年级工作，能更全面、快速地了解学生的生活、学习状态，同伴关系等，方便导师全方位、快速地介入学生的成长，帮助学生更全面地审视自己、增长补短，找到属于自己的人生跑道。

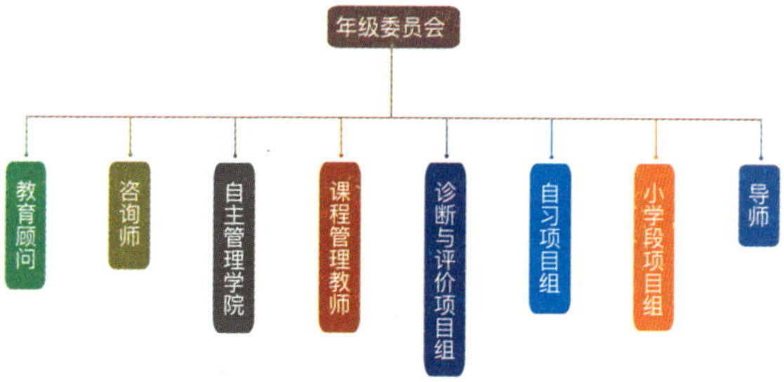

图 1 初一年级分布式领导框架图

3. 与其他分布式领导、家长形成教育合力

教育顾问、咨询师、自习管理教师、导师和教育同伴等构成新型教育力量。倡导全员育人，人人都是导师。改变以往管理过度、教育不足的问题，努力做到“以生为本”，把学生看作“全人”来对待。随着走班制的实施，有一些问题不可避免会出现。例如，交作业问题、缺课问题等。此时，导师应选择与其他教育伙伴沟通、协商，制定跟进措施，并通过微信、电话等途径，让家长及时了解孩子的动态，做好家校沟通，共助孩子成长。

4. 重视过程性评价与终结性评价相结合的多元评价机制

充分运用“爱云校”平台系统（见图 2、图 3），真实记录学生过程性学习状态与学习成绩，留下成长足迹，引导学生依据评价进行自我修正。目前，已在爱云校平台系统实现了“学业过程性评价”“行为规范成绩认定”“学业成绩管理”，实现了师生互动、生生互动、老师与家长互动。

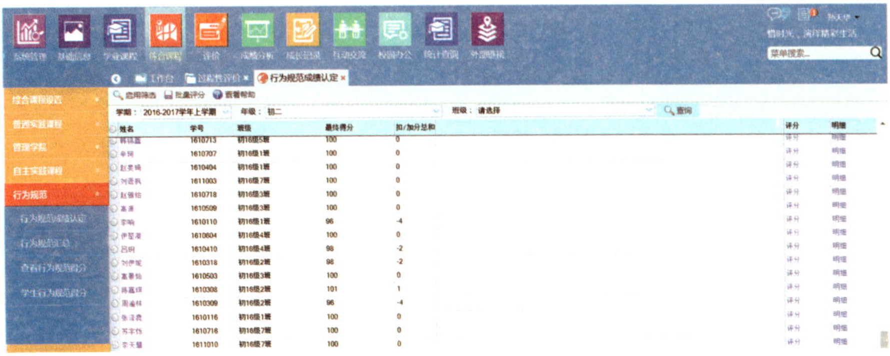

图 2　行为规范成绩认定

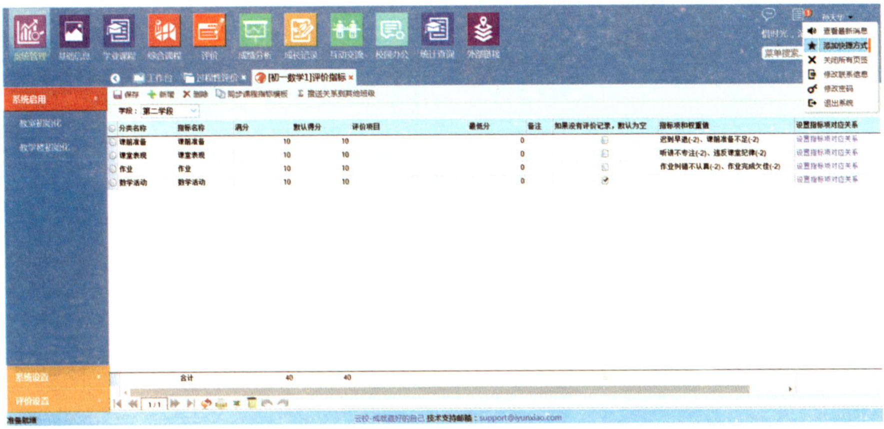

图 3　数学学科过程性评价指标

5. 引导学生做好发展规划，形成规则意识

引导学生树立远大理想，做好发展规划。有了目标，就有了行动的方向。导师要根据学生的具体情况及发展意向，对学生选课及日后发展规划给出合理化意见与建议，帮助学生更加合理地选择。良好的学习习惯是成功的保障，导师要引导学生自主安排学习，学会学习，明确底线，形成规则意识。

6. 倡导自主规划，让学生学会做自己学习的主人

实行选课走班，每位同学都有专属于自己的一张课程表（见图

4）。可以自主安排的时间增多，每名学生 1 周至少有 8 节自习课。学生面对新的学习管理形式，怎样才能做到有效利用时间呢？对此，我在导师班对自主规划做得好的同学及时鼓励，充分利用每天下午 4:15 后的导师见面会时间，鼓励学生分享每天的自主规划心得，交流自习感受，总结经验，扬长避短；同时注意引导学生学会自主规划、学会学习，做自己学习的主人。

学生课程表　　高景灿（初一年级）

上课时间	星期一	星期二	星期三	星期四	星期五
第 1 节	语文 2/ 刘英男 /A215	历史 1/ 王永 / B101	思想品德 1/ 许震勇 /B102	数学 2/ 李丽娟 / A208	英语 1/ 高红霞 /A309
第 2 节	数学 2/ 李丽娟 /A208	英语 1/ 高红霞 /A309	自习 –60/A215	语文 2/ 刘英男 / A215	数学 2/ 李丽娟 /A208
第 3 节	英语 1/ 高红霞 /A309	数学 2/ 李丽娟 /A208	自习 –64/A309	羽毛球 / 杨胜君	语文 2/ 刘英男 /A215
第 4 节	思想品德 1/ 许震勇 /B102	基础体育 1/ 张建柱	数学 2/ 李丽娟 / A208	历史 1/ 王永 / B101	自习 –122/ A208
第 5 节					
第 6 节			语文 2/ 刘英男 / A215	英语 1/ 高红霞 / A309	
第 7 节	自习 –13/A208	语文 2/ 刘英男 /A215	自习 –88/A209	自习 –114/A210	思想品德 1/ 许震勇 /B102
第 8 节	自习 –21/A208	视觉设计 –1/ 许潇 /C502	足球（5 人制）（男、女）–4/ 赵伟	网络技术 – 网络工程 –1/ 查达发 /A108	自习 –148/ A209
第 9 节	韩语外教 3/ 韩语 /A309	视觉设计 –1/ 许潇 /C502	足球（5 人制）（男、女）–4/ 赵伟	网络技术 – 网络工程 –1/ 查达发 /A108	自习 –149/ A208

图 4　高景灿同学的课程表

7. 寻找学生身边的榜样，助力学生成为最好的自己

通过畅谈会、推荐励志电影、个别约见、大力宣传身边的榜样等方式影响学生。通过耳濡目染、潜移默化，让学生达到不干出点什么都不行的状态。寻找学生身边的榜样给予表彰，表彰时注重仪式感，因为这样做的激励作用会更好。下图为初一第一学期年级期中考试后，对取得好成绩的学生进行表彰（见图 5）。

图 5 江梓源、刘嘉琪、王振宇、李佳璐、杜俞霏、刘子晨、李可欣、高景灿、黄一鸣、杨宇宸（从左至右）等在期中总结会上受表彰

8. 积极发挥同伴引领的作用

例行的考试总结，在学科老师的叮咛下，孩子们写得很认真。如果总结到此结束，总觉得还缺点落地的感觉。于是我尝试让成绩优异的学生总结学习方法，与同学分享，并以开展期中总结互评的方式，推介自己好的学习方法，进行一对一帮扶。

9. 行为世范，专业引领

良好的师生关系要靠人格魅力和专业学识赢得。“亲其师”才能“信其道”。只有让学生信服，他才愿意听取你的建议。作为地理学科教师，我致力于促进学生思维的发展、地理能力的提升，尝试把地理知识以活动的形式展现出来，以活动承载知识的形成过程，让学生参与其中。这也让我们的课活起来，使学生对知识的理解更深刻、掌握得更牢。

二、尊重个性差异，成就最美的相遇

“一年之计，莫如树谷；十年之计，莫如树木；终身之计，莫如树人。”尊重个性差异，尊重背后的付出与努力，倡导多元化的评价，多几把激励的尺子，不吝于欣赏与喝彩，给予微笑与鼓励，即使成绩不突出，也不妨碍他成为自己喜欢领域的高手。

人性最深层的需求就是渴望得到别人的欣赏和赞美，因此导师要善于抓住学生的闪光点，在赞美、肯定声中增强学生的自律意识。此外，导师要善于抓住教育契机，并做好宣传引导工作，为学生营造积极向上的舆论氛围。孩子总是千差万别的，导师要有一双善于发现的慧眼，以对孩子进行个性化的引导和培养，使孩子成为“那棵树”，而不是“那片森林中的一棵”。（见图6）

图6　最美的相遇

我们是导师，我们是学生前进的陪伴者、引领者。与学生在这里相遇，是美好，是纯真，是细碎，更是成长。一切都源于走近心灵，希望学生能“在发现中被发现”“在唤醒中被唤醒”。

给学生一个爱上小学段的理由

姜利娜

我校进行了自主选课、分层走班的教学改革，目的是为学生的自主发展创造条件。与此同此实行了学段制。一个学年分为两个学期，一个学期分为三个学段：前后两个大学段加中间一个小学段。

小学段以自主学习为主，每位学生根据自己的学习需求，可以对上一个大学段所学内容进行梳理、总结与反思，也可以为下一个学段继续深化学习扫清障碍，还可以利用相对整块的时间来完成平时由于时间、空间限制而没法完成的任务，或补弱，或提升，或拓展，或完成研究性学习。一切以学生的个性化需要和自主安排为主。当然，对时间的利用考验着老师和学生的智慧与能力。

怎么让学生有意义地度过小学段呢？

一、计划先行——做好小学段规划

为了使学生度过一个丰富多彩又有意义的小学段，小学段项目组的老师前期进行了充分准备和规划。小学段的目的和意义是什么？小学段的实施流程是什么？学生需要的个性化服务是什么？学校和老师能提供的支持有哪些？我们初步梳理了小学段实施的主要流程、关键环节，并结合学生实际情况初步形成了小学段的课程框架。

经过较充分的沟通和统筹，第 5 学段后的小学段，我们设置了“补弱”（援助课程）、“提升”（提高课程）、“拓展”（文体拓展，开阔视野）课程。分四个层级：查漏补缺或专项突破（提高、援助课程）；超前学习（学科实践活动、学科特色课程）；科学拓展，塑造品牌（外出游学、学科特色课程）；同伴互助（他山之石）。除了文化课程外，我们还为学生准备了丰盛的文体大餐，有趣味篮球比赛、趣味游戏、才艺展示达人秀等。

我们也非常重视分享。因此，在这个小学段，我们设置了“英语讲座”和“学生讲堂”，为老师和学生的分享、展示搭建平台。

经过一个大学段的学习，每位学生在小学段都可以停一停，想一想，稍作调整；可以利用这个机会，分析自己各学科的学习现状，制订学习和生活规划，选择适合自己的小学段课程，并为小学段的每一天做好安排和准备，如制定目标、准备学习资源、自查和反思学习效果等。对学习比较满意的，可以进行超前学习和拓展；学习存在问题和困难的，可以寻求帮助，制订查漏补缺的计划，为下一阶段的学习扫清障碍。在这个过程中，引导学生了解自我、规划自我是关键。

小学段宣传海报①

小学段宣传海报②

二、推进提升——做好小学段优化

为了使我们前期设置的小学段课程高效落地，中期更需要精准的实施和不断优化，只有科学规划、严格执行才会有理想的结果。在关键环节我们会给老师和学生提供抓手，比如，面向全体师生的段前培训、制作小学段宣传海报和网络推送、小学段规划书等。小学段前期学生较容易出现计划定得不合适的情况，因此，我们在第一天结束后便组织了一个段中总结。导师与学生进行面谈、同学之间进行分享，这给师生提供了一个及时调整和优化的平台。在第一天“我是小小演说家”活动中，董术同学详细介绍了如何做好规划和实现规划的一些技巧。在学习方面，“学霸”王鋆渠同学谈了自己的学习经历和规划，总结了自己可以学好的原因。张钰介绍了学习数学的经验和方法。在生活方面，王茜解读了人与人之间的性格差异。伊楚凝和付钰淋同学介绍了他们各自的旅游经历。大家不仅身临其境地感受到了当地的自然景观和人文景观，也感受到了国家的发展。李佳璐谈论了自己的蜕变，她从一个自卑、自闭的人变得外向、开朗。

小学段宣讲

在趣味游戏和趣味篮球活动中，全体师生充分参与；在英语讲座中，学生专注聆听；在“达人秀”中，学生各展所长，自信满满，表现令人刮目相看。

我们还组织学生积极参与小学段的规划和实施，从小学段项目组，再到小学段师生项目组，再到小学段自习项目组等，形成了小学段团队。

小学段项目组成员（从左至右：王健、王茜、姜利娜、谢昊昀、李静、李可欣）

在自主学习的同时，我们还设计了丰富的游学活动。老师们前期进行了规划，对游学活动的主题、内容、方式进行了设计，充分考虑到学生的需求。

学生在游学中

三、评估反思——做好小学段总结

按照前期规划，我们以小学段规划书为抓手，进行了小学段品牌明星的评比和展示，以过程性表现为主要依托，为学生的优异表现点赞。为了更好地了解学生的需求，我们还组织了小学段问卷调查，为下一个小学段做准备，以增强小学段课程的持续性和针对性。小学段以自主学习为主，是为了满足学生的个性化需求。因此，规划表的制订和落实十分重要，制订规划、执行规划的过程就是培养自主性的过程。只有规划合格了才能开始小学段的学习。

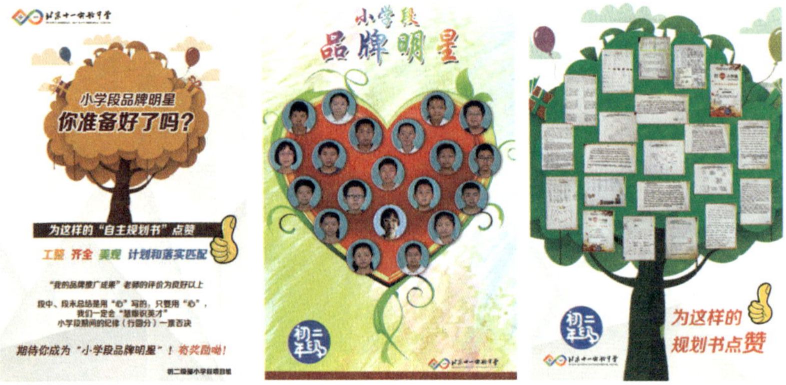

“为优秀者点赞”海报

我们期待：每位学生在小学段结束时都有收获，努力做个善于规划、长于行动、对自己负责的人。

做自己的 CEO——小学段

贾 茹

一、小学段的时间安排

高一有两个小学段 A 和 B，分别安排在高一上学期和下学期（如表 1）。

表 1 高中小学段安排

学年	高一						高二						高三								
学期	高一（上）			高一（下）			高二（上）			高二（下）			高三（上）				高三（下）				
学段	1	A	2	3	B	4	5	C	6	7	D	8	9	E1	10	E2	11	F1	12	F2	F3

二、小学段课程

1. 自主学习

小学段以自主学习为主。学生一是要认识自己——做好合理的自我定位，清楚自己上一学段成功和不成功的经验各是什么，自己在下一学段想要达到什么样的状态，应该做怎样的准备，等等。二是要明确自己的目标。

2. 援助课程

开设语文、数学、英语、物理、化学、历史、地理和政治援助课。

3. 学科活动课

语文、英语、物理、化学、地理学科开设了活动课（见表 2）

表 2 学科活动课

学科	活动课名称
语文	见贤思齐——走近孔子
英语	英语书写比赛
物理	“我是法拉第”
化学	有机化学基本实验
地理	手绘地图

4. 社会实践

参观雁栖湖、房山地质博物馆等，让学生进行职业体验。

5. 学生活动

学生影院

在固定的教室设立学生影院。影片以国内外优秀作品为主，内容丰富，有励志的，有富有哲理的，有旨在揭露人性的……

学生讲堂

一部分学生利用业余时间准备了各种讲稿，整理自己擅长的专项知识，在“学生讲堂”活动中，将自己的学习经验分享给有意“取经”的同学（如表 3）。

表 3　学生讲堂

姓名	主题
任昊宇	Besiege（一款游戏）、折纸龙
洪世豪	玫瑰手工
焦乐庸	魔方
武川洋、王晨	Dota2（一款游戏）
李潇、杨博	乐器演奏
黄越	纸飞机

运动魅力

组织篮球赛、羽毛球赛、乒乓球赛以及撕名牌等活动。

年级学生大会

学生自愿报名、积极参与组织的年级总结会也在小学段召开。在总结会上，我们会对上一学段各方面表现突出的学生进行表彰，大家还能欣赏到多才多艺的表演。

三、主要环节

一般来说，小学段的安排如下（见表 4）。

表 4　主要环节

安排
召开年级会：介绍小学段安排
社会实践活动
学生网上选报自习教室、援助课、学科活动课和活动课， 学生在家完成小学段规划表的制订
召开导师会：导师指导学生完善规划表并签字
学生按照规划表落实自己的小学段规划 召开导师会：进行小学段总结

小学段给了学生空间、时间，让他们独立去做一些自己想干的事，这对他们的成长是有帮助的。师生都可以在这段时间里停下来反思、总结前一段的工作和学习，对问题进行补救和调整。当然，更为重要的是，小学段可以培养学生主动学习的精神，让他们学会科学合理地安排学习，学会自律，对自己的学习负起责任。

四、自习课

在选课走班模式下，学生每人都有一张专属于自己的课表。从课表上我们可以看到，学生每周有很多自习课，而且每人自习课的时间和教室也都不一样。以前，学生习惯了跟着老师学，习惯了老师给自己安排学习任务；学生被动完成作业，缺少自己思考的时间，不知道如何对学习进行自我规划。在自习课上，学生可以静下来安排自己的学习计划，独立思考自己学习上的难点，阅读自己感兴趣的图书。在这个过程中，学生不仅培养了自学能力，更学会了如何约束自己，自控力得到了锻炼。

虽然自习课上学生相对自由，但秩序与自由从来都是一对孪生兄弟，任何自由都是有规则的，没有秩序的自由和没有自由的秩序同样具有破坏性。为了让学生能够利用好自习课，达到锻炼能力的目的，我们制定了一系列流程和制度。

1. 学生需要利用云平台选择自习课的时间和教室

每个学生自习课的时间和教室都不一样，学生需要利用云平台选择自习课的时间和教室。

在自习过程中，负责自习的项目组老师要对学生自习的情况进行检查，并按照自习教室规则记录学生的加减分情况。自习教室规则如下。

①准时到选定的自习教室自习，上课铃响后进教室视为迟到，1 次减 2 分；中途无故提前离开教室，视为早退，1 次减 2 分。

②无故旷自习课 1 次减 4 分，到限制教室自习 2 周，通报导师。

③安静自习，不影响自习秩序。违规 1 次减 2 分，多次违反、情节严重的，到限制教室自习 2 周。

④保持自习教室卫生，违规 1 次减 2 分；在自习课上不喝有色饮料、不吃零食，违规 1 次减 2 分。

⑤在自习教室里高效学习，不看与学习无关的图书，不随意带走学科教室里的图书或破坏学科教室里的物品，违规 1 次减 2 分。

⑥做好课前准备，自习期间不随意出入教室；如有特殊情况出入教室要经老师同意并登记，累计登记 3 次减 2 分，未经许可随意出入 1 次减 2 分。自习期间学生出入登记表（表 5）如下。

表 5　自习期间学生出入登记表

自习期间学生出入登记表				
日期	姓名	出教室时间 （具体到分钟）	回教室时间 （具体到分钟）	去向 （事由）

当然，在这个过程中，学生仍然需要一些指导才能够适应自习课。我们利用海报，把自习的方法和可能遇到的问题及解决方法告诉学生，以便他们合理应对。

2. 白自习课流程

白自习课流程如下。

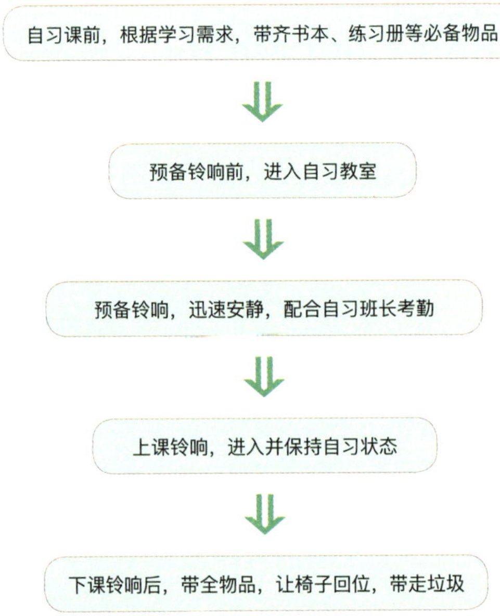

选课走班育人模式下的教务员工作

殷中欣

初来乍到时，我对教务员的工作摸不着头脑，经过一年多的摸索，我将教务员的主要工作分成了四方面，分别是排选课工作、财务报销、考试安排，以及协助其他部门和分布式领导开展工作（见图 1）。

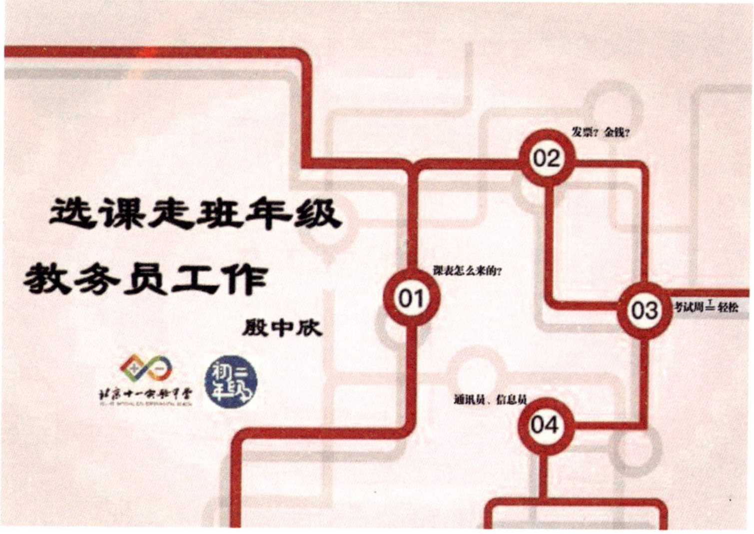

图 1　教务员的主要工作

一、排选课工作

十一学校的特色之一就是“每个学生拥有一张独一无二的课表”。看到各式各样的课表，人们的第一反应可能是惊讶、兴奋：“太有意思了，每个人的都不一样！”兴奋过后可能是好奇、疑惑：“每个人的课不会冲突吗？要开多少节课才能满足这样的要求？这样的课表要一张张去排吗？”……是啊，这样的一张张课表是怎么来的呢？下面主要介绍一下我排课表的方法。

首先，在选课走班模式下，学生很难有集体空余时间，而艺术、技术、体育的课程需要全校学生全员参与，并且这三类课程是全校打通的，因此，我们要先排全校的艺术、技术、体育（以下称“艺技体”）课程的课表。当艺技体的各个教研组排好课后，各年级即可开启排课工作。第一步，分语文、数学、英语的教学班。根据年级人数，我们将全年级学生分成 3 大组，分别记为 A、B、C，每组分若干个教学班（依据学生人数、教师人数决定）。这样一来，同组的几个教学班将同时上同一门课。第二步，分历史、地理、生物、化学、物理、政治教学班。根据学生选科情况，对学生按 A、B、C 三组再次进行分组（如图 2）。然后，根据各组的人数，选取适当的组进行分组分班，一竖列为一组（如图 3、图 4）。分班保障同组学生互不冲突，这样就可以同时上课。第三步，利用插空、组合、拆包等方式排语文、数学、英语和历史、地理、生物等课的课表。课表的编排要保证跨头教师不能冲突，确保学生与老师的午饭时间，老师每天的课时量，以及保证各教学班进度相当等，各方面需要综合考虑。当所有课都排进课表后，我们就得到了课表初稿。然后根据实际情况做适当调整，甚至要一个学生一个学生地去调整。经过反复调整，最终得到课表的终稿（如图 5、图 6）。但这样的一张五颜六色的表格，别说给学生看不懂，就

	A	B	C	总
①物历地	7	5	6	18
②物历生	21	22	15	58
③物历思	2	3	2	8
④物地生	9	9	4	22
⑤物地思	0	0	1	1
⑥物生思	4	3	2	9
⑦历地生	6	5	5	16
⑧历生思	9	7	4	20
⑨地生思	2	1	2	5

图 2　各组合的人数

物1（23）	A2A3	物2（22）	B2	物3（24）	C1C2C3C5	物4（22）
生1（21）	C2C4C6	生2（23）	A6A7A8B6B9	生3（23）	A4B4B7	生4（20）
历1（23）	B1B8C1C7	历2（23）	B3B7C2	历3（25）	A2C8	历4（24）
地1（24）	A1A4A7A9	地2（18）	C1C4C5C7C9			地3（21）
				思1（23）	A3A6A8A9B3C6	

图 3　“五选三”科目打包分组

连老师也看不懂，因此我们还有最后一步，就是将课表录入系统（如图 7）。按照排好的课表，将左侧课程列表中的科目拖入空表中，然后逐一设置课程名称（教学班）、教师、教室。对必选课，要逐一录入学生名单；对自选课，则设置选课时间及选课对象，由学生自己选择。

姓名	分组	物理班级	历史班级	地理班级	生物班级	思品班级
学生1	C2	物3	历2（24）		生1（22）	
学生2	C2	物3	历2（24）		生1（22）	
学生3	C2	物3	历2（24）		生1（22）	
学生4	C2	物3	历2（24）		生1（22）	
学生5	C2	物3	历2（24）		生1（22）	
学生6	C2	物3	历2（24）		生1（22）	
学生7	C2	物3	历2（24）		生1（22）	
学生8	C2	物3	历2（24）		生1（22）	
学生9	C2	物3	历2（24）		生1（22）	
学生10	C2	物3	历2（24）		生1（22）	
学生11	C2	物3	历2（24）		生1（22）	
学生12	C2	物3	历2（24）		生1（22）	
学生13	C2	物3	历2（24）		生1（22）	
学生14	C4	物5		地2（18）	生1（22）	
学生15	C4	物5		地2（18）	生1（22）	
学生16	C4	物5		地2（18）	生1（22）	
学生17	C4	物5		地2（18）	生1（22）	
学生18	C6	物5			生1（22）	思1
学生19	C6	物5			生1（22）	思1
学生20	B6	物4			生2（22）	思2
学生21	B6	物4			生2（22）	思2

图 4　学生“五选三”教学班

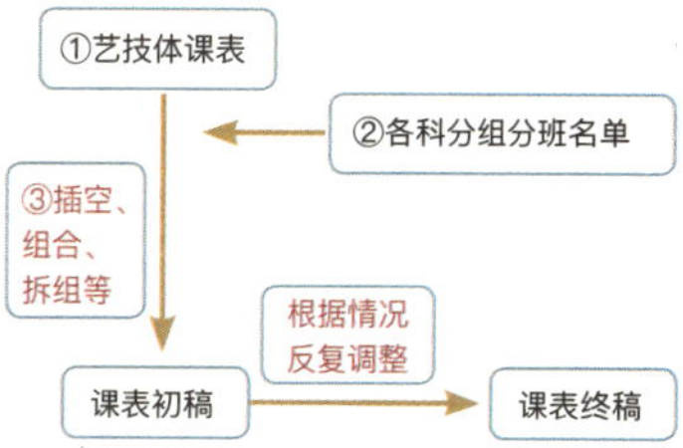

图 5　排课表操作流程

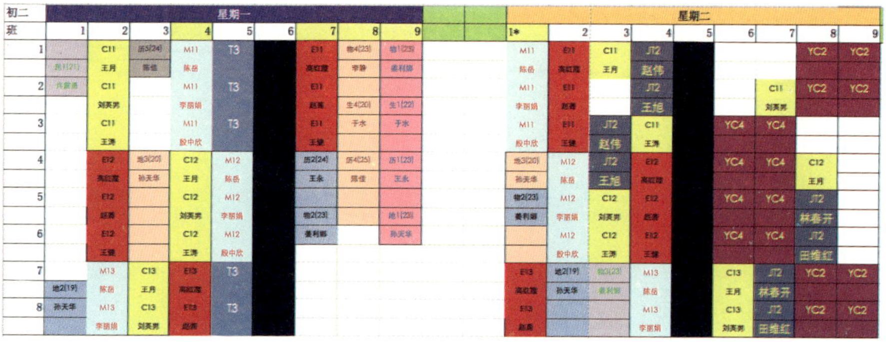

图 6　排课表图示

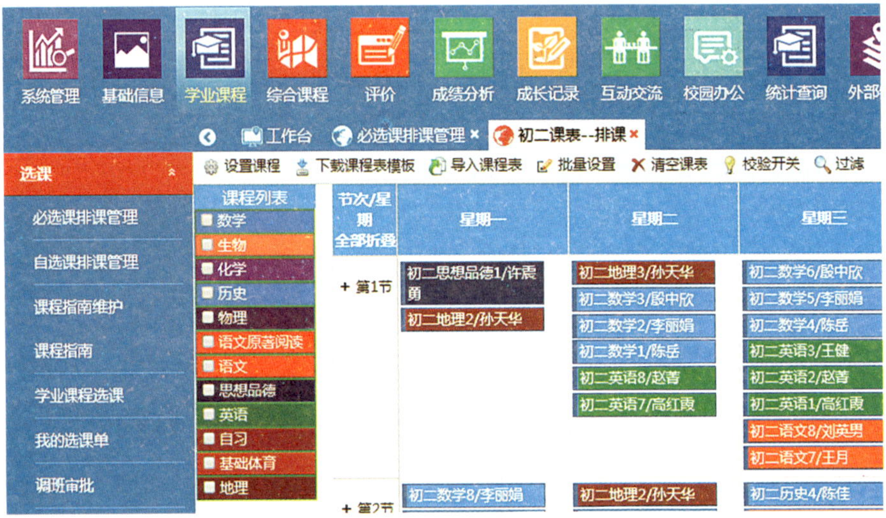

图 7 课表录入系统

二、财务报销

从没想过会负责财务报销的我，一年来跌跌撞撞地走了过来。通常，我需要做的有年级活动经费报销，包括采买各科物品、购买各类奖品等的支出；组织学生社会实践活动费和租车费报销，需要做上传合同、律师审核、授权盖章、上报系统、打印清单等一系列工作；教师因年级事务外出的出租车费以及游学课程的教师费用等的报销；等等。都是花钱，报销也一样？当然不是，不同的费用，报销的方式也不同，就从录系统来说，就各不相同。有的需要录入合同等；有的需要下载授权书，请年级主管签字；有的需要从不同的界面录系统、填表格；有的需要下载一张审批单，有的又需要多张单子；等等。

三、考试安排

我以前最喜欢考试周，不用备课、不用上课、不用判作业，很轻松，但是做了教务员后慢慢发现，不用做这些，可不等于什么都不做。考试周，教务员需要做的工作很多。考试前，第一，要排教师监考表，统计好考试场次、需要的监考教师人次，再统计每位教师的监考场数，协调好监考教师和巡考教师等。初稿排好后，要及时与教师沟通，协调不妥之处。第二，确定学生的考场和座位表。通常要做两份表格，一份是各考场座位表，每个考场门口张贴一张；另一份是考场信息表，学哪科考哪科，考试时间、考试地点、不考试科目的自习教室等，学生一看就明了。为了实现无纸化阅卷，还要整理学生姓名、考场、考号等信息，做好数据联系，制作条形码，按考场、考号制作，方便监考老师下发。第三，考试后，帮助各科老师解决阅卷过程中出现的问题。第四，及时汇总各科成绩和做年级排名。成绩的发布和排考场信息表类似，某位同学考哪科就有哪科的成绩，除了语文、数学、英语成绩及排名，历史、地理、生物等学科的成绩还需要按照中考的计分标准做分数统计。

四、与其他部门协调工作

教务员既像通讯员，又像信息员。教务员通常要与学校各部门、年级分布式领导等协同工作，并最终作用于学生。首先，联系学校各项目组，协商本年级的相关工作，或组织学生设计年级活动，例如，开学典礼、泼水节等。第二，协助校级部门或教研组开展工作，联系校医，开展学生体检、疫苗注射等工作；联系团委，开展团员活动等；联系教务处，协助完成考试工作、汇总学生信息等；联系体育组，开展学生体质健康测试等工作。第三，协助年级分布式领导完成工作，协助小学段项目组排选小学段课程，协助自习管理项目组排选自习课等。第四，收集、统计最全面的学生信息。考试时要使用机读卡号；游学时要提供身份证号；如果学生或家长忘记平台系统账户密码，也要及时提供帮助等。第五，做好学生的校园记录。每次活动，我都会将拍摄的照片打包上传到年级百度云，一方面，与家长分享学生的点滴；另一方面，让学生查询照片，完成综合素质评价等。

在选课走班的教育教学模式下，教务员的工作说复杂也不复杂，说容易也不容易，除了耗费脑力的排课表、财务报销，更多的是平常的琐碎小事。做好一件事容易，做好每件事就不容易了。除了熟能生巧，还要时刻保持注意力集中，否则一个小错误也可能导致满盘皆输。

学做分布式领导

杨玉红

根据十一学校本部的分布式领导的设置原则，结合我校学生的实际，我们设置了高一年级分布式领导结构（如左图）。

一、用“行圆分”考核学生的行为规范

我校采用分布式领导进行常规管理。

我们年级由教育顾问或年级主任负责常规管理工作。

每学期赋予学生基础分 100 分，学期末汇总。达到 60 分为“及格”，75 分以上为“良好”，85 分以上为“优秀”，90 分以上为“卓越”。

期末评优时行为规范在 85 分以下者不能参加区级及以上先进学生评选；75 分以下者不能参评校级优秀学生；60 分以下者不能参评专项优异学生，且不能参评各类奖学金。

负责常规管理的老师要及时把学生的行圆加减分记录下来，并由主管老师填写到云平台上（如表 1）。家长、学生都可以在电脑或手机上看到此成绩。

表 1 “行圆分记录”

		1日	2日	3日	6日	7日	8日	9日	10日
1	石某								
1	曹某								
1	李某			下午自习课第三节课玩牌-4					因肚子疼晚到
1	张某							升旗手表现好+2	
1	任某								
1	史某								
1	杨某			带扑克牌到学校-2					
1	王某			下午八九节自习课打牌-8					
1	龙某	捡到尺子+1							
1	郭某								
1	赵某								
1	李某			上午病假，下午自习课打牌-4					
1	田某				住院	住院	住院	升旗手表现好+2	
1	曹某								
1	焦某		搬年级刊+1	下午第九节自习课玩牌-4					
1	于某								
1	李某	早读迟到-2							
1	宋某								
1	邓某		送年级刊+1						
1	张某某								
3	赵某某								
3	苏某								
3	侯某						病假一天		
3	张某某								
3	刘某								
2	符某								

期末总结时评选出“行圆标兵”并颁发“行圆标兵”奖状。

二、“校园百星”的评比

为了进一步规范学生的言行，我们充分发挥“行圆分”的作用，在学期初，将年级“校园百星”评比的标准告诉学生和家长，让大家明确言行规范和学习都很重要。

“校园百星”（年级学生前 20%）评比标准如下（见表 2）。

表 2 “校园百星”评比标准

	过程性评价	考试成绩（月考、段考等）	行圆分
2—3 月	50%	25%	25%
4 月	25%	50%	25%
5 月	25%	25%	50%
6 月	1/3	1/3	1/3

“校园百星”不是根据主观印象，而是按照标准赋分来评选。

三、卫生天使

在选课走班模式下，谁来打扫教室卫生成了一个问题。年级老师和学生经过讨论决定：把教室卫生的打扫当作一门课程，叫作“卫生天使”，让学生通过云平台选择自己负责打扫的教室，每个教室由10名学生负责，每人负责1周。由相应学科教室的老师记录，1次没做值日或值日做得不认真的扣“行圆分”2分；3次以上没做或做得不认真，当月取消参选“校园百星”的资格。

巡查部的10名学生负责检查卫生并记录（忘记检查扣“行圆分”2分）。

3名学生负责月考、段考的考场布置。

下面以地理教室卫生检查为例。

地理教室卫生天使

小贴士——每天5:20开始打扫卫生，5:40—5:45巡查员检查。

值日完成后

1. 黑板整洁干净，抹布、笔放在合适位置。
2. 地面整洁，簸箕里没有垃圾，打扫工具归位。
3. 教室桌面、柜子、栏杆擦拭干净。
4. 关闭电灯、空调、电脑。
5. 冬季关门、窗。
6. 等待巡查员检查后方可离开，如果卫生不合格，重新打扫。

学生要按时到达学科教室，按老师的要求高质量地将教室打扫完毕，在日常学习中也要主动维护教室的卫生。

学生有了责任感，教室卫生得到很大改善。学期结束，评选出卫生标兵，并颁发奖状。

四、手机管理

我们要求学生每天早晨到校后把手机、游戏机交到导师处，原则上每天下午 5:20 后方可拿走手机。如果有的课程需要使用手机，在导师批准后使用。没交手机或未经老师允许把手机、游戏机拿走的，在校园内使用手机或游戏机，第一次被发现扣 5 分“行圆分”，代管一周；第二次被发现，扣“行圆分”10 分，代管一周后由家长到校将手机拿走。如再被发现，给予警告处分。

为了规范学生的言行，鼓励学生积极向上，学期末除评选“行圆标兵”“卫生标兵”外，我们还设置了“管理标兵”“出勤标兵”和“国旗标兵”等。

自习管理——自主规划，奖惩并行

许震勇

在自习项目管理工作中，新形势推动我们学习新理念，改变工作思路和工作方法。

九月开学后，我们对新初一自习课的安排并没有考虑太多，只是每天统计出有自习课的学生数量、具体自习课的节次和空教室的情况，然后放在云校平台上让学生自由选择，再根据学生选课的名单安排出每天的自习课表，并制定自习检查扣分细则。主要内容如下。

自习检查扣分细则

1. 无故不上自习课、迟到、早退等一次减 2 分；无故缺勤扣 3 分。

2. 自习课交头接耳、吃零食、借物品、下座位等影响他人自习的行为一次扣 2 分，情节较严重的扣 3 分。

…………

5. 自习时打闹、顶撞管理老师等严重违纪一次扣 10 分。

6. 自习检查情况每天会上报导师及家长，一周之内累计扣 10 分者，需进限制教室学习一周。限制教室设在陈老师的学科教室。

限制教室使用规则如下。

1. 进限制教室反思一周，一周后提交反思报告，不少于 1000 字。

2. 出限制教室后的一周为重点考察时期，考察不合格的，约谈家长。

3. 严重违纪者进限制教室自习一周，安排老师看管。

结果，学生在上自习课时出现了不少问题：无事可做，浪费大把时间；聊天、睡觉、打闹；个别学生不服惩处，和巡查老师发生冲突……为此，老师开出了不少“初一自习课违纪提示单”。

北京十一实验中学初一违纪提示单

__________同学：_____月_____日_____时，在__________教室，

你的行为违反了十一实验中学学生自习课纪律要求，将扣除“行圆分”_____分。

学生签字：__________班__________同学

签发教师签字：__________

后来，我们听取了学生对自习课的意见和建议，回应学生的需求，做出了三大改变：①指导学生进行自习课学习任务规划；②设置讨论自习、诵读自习和荣誉自习教室；③设置红、黄牌对学生进行提醒，奖惩结合。

调整规则后，自习情况明显好转，学生基本可以做好自我规划并利用自习课进行自主学习，达到了自习项目的基本要求。奖惩结合让学生可以得到双向反馈，有利于提升他们的自主规划与学习能力；多种类型自习教室的设置让学生可以有针对性地自主学习，相关教师也能在合适的时间段内给学生提供有针对性的个别化辅导；红、黄牌能及时提醒学生，大幅度降低师生冲突的可能。

学期末，有不少学生因为在自习中表现优异而受到表彰。

初二年级自习琅琊榜

安芷柔	黄百麒	李　燚	曲瑞轩	王禹晴	张　博
曹贝宁	黄焕然	李泽林	任佳庆	王泽宇	张靖卓
曹益宁	黄嘉一	李子儒	沈新宇	王振宇	张炬炜
陈嘉琪	黄楷文	林圣博	沈宇欣	王正浩	张瑞菁
陈　炜	黄勤勤	刘嘉琪	司雁天	魏渤萌	张若琳
陈　熹	黄诗杰	刘嘉琦	宋央轩	魏泽越	张　钰
陈颖琳	黄一鸣	刘凯涛	宋禹辰	吴佳怡	张　泽
崔佳琪	霍艺成	刘　磊	苏宇烁	吴泯含	张泽堯
崔奕晗	贾子轩	刘铭洋	孙祎瞳	吴宇伦	张徽微
丁佳怡	江梓源	刘许诺	孙玉衡	吴雨霏	张梓琪
董　术	姜雨轩	刘伊妮	田军傲	武文豪	章洺恺
杜俞霏	焦诗雨	刘怡然	田文佳	谢昊昀	赵俊杰
范　闯	靳钰泽	刘逸墨	汪佳凝	谢天润	赵林川
付钰淋	靳梓桐	刘雨涵	王辰昊	辛　珂	赵旻琦
高景灿	阚湘江	刘语枫	王　涵	熊梓华	赵士博
高　翔	李达一	刘　彧	王好佳	许潇洋	赵奚娅
高　源	李汇充	刘子晨	王昊晨	闫　睿	赵心怡
龚子然	李佳璐	鲁文青	王凯淇	杨凯博	赵雅怡
郭启峰	李佳晔	罗煜东	王　茜	杨宇宸	赵　易
郭育良	李可欣	吕　玥	王天乐	杨子瀚	郑景烛
郭昱萱	李明轩	马嘉仪	王天蕴	叶曦雯	周怀羽
韩锦鑫	李若涵	马兰文菲	王馨仪	叶政航	周渝林
郝博晟	李胜昊	倪泳昕	王鑫怡	伊楚凝	朱铭轩
洪名伟	李天慧	潘姿歧	王艺臻	尹　晗	朱璩麦
胡峻赫	李　响	亓　浩	王崟渠	于　颖	朱希侯
胡震铄	李欣潼	祁　祺	王屿桐	袁嘉宏	朱炫霈

一所学校的教育蜕变

CHAPTER 03

第三辑　一场教与学的旅行

一场教与学的旅行

严醒媛

踏入教师工作岗位三个多月后，发现一切并不像想象的那么简单，学校不只是简单的教与学，还有很多教育工作隐藏在日常的细节中。

一、创意之旅——办法总比问题多

我在十一实验中学红瓦房校区第一次上课的时候，询问大家为什么选择舞蹈课，几乎全体学生都说："因为没有其他艺术课可以选！"只有一个学生说是因为喜欢舞蹈。这让我很有挫败感。原来，大家并不喜欢舞蹈课。而且，学校里没有舞蹈教室，我该怎么上舞蹈课呢？在有限的条件下，我挖空心思，发挥想象，为学生设计了一堂特别的舞蹈课，利用一系列道具完成了《杯子舞》和《气球舞》的学习。目前，我们正在学习手指舞版《天鹅湖》中的片段《四小天鹅》。上课三个月以来，学生反响还不错。当我再问学生

庆祝舞蹈团建团一学期

对舞蹈课的看法时，已经有一半以上的学生改变了想法。办法总比问题多！教师需要进行自我革命，需要主动进行思维方式的改变、专业素养的改变。

二、设计之旅——课堂因设计而改变

我充分利用身边的资源打造自己的校本课程。在舞剧表演与创作课程中，我设计了一个有关十一 LOGO 中几种颜色的实验小舞剧。课堂上每个人都有自己的角色，像导演、编剧、剧务等。通过三个月的实践，我发现效果还不错。这比传统的舞蹈教学模式更能激发学生的积极性以及责任感。相比传统的舞蹈课，这样的课对没有多少舞蹈基础的学生来说更有意义。在老师的带领下，学生共同参与创作，共同完成一部属于自己的舞剧。这比模仿经典作品更有挑战性、更有意义。在这一过程中，学生的创作欲望也能得到满足。

"玩中学、学中玩"海报

三、教学之旅——坚持就是胜利

我还组建了舞蹈团，利用每周二、周四放学后的时间训练。建团初期非常不容易，许多学生都以固有思维去想象舞蹈团的训练，他们因害怕压腿等基本功的练习而拒绝参加舞蹈团。第一次舞蹈团报名时，只有 7 个学生参与，其中又只有两个学生有一点儿舞蹈基础。为此，我很苦恼，但我并没有放弃，仍坚持宣传，并通过训练让学生知道舞蹈并不是只有“痛苦的”压腿练习，它还是一门能带来快乐的艺术。在我坚持不懈的努力下，舞蹈团从最初 7 个人发展到 10 个人，再发展到 13 个人、17 个人……目前已经招募到 21 个人。

在“狂欢节”活动中，舞蹈团表演作品《茉莉花》

反思、内省——师生成长的催化剂

张姣丽

教师只有善于反思自己的教学行为，及时对教学过程进行审视和分析，才能不断积累经验、持续提高，才能与时俱进、快速成长。

下面从教学前、教学中、教学后的思考中采撷几朵我日常教学的“浪花”，与大家分享。

一、教学前思考，发展教师的智慧

凡事预则立，不预则废。教学也是如此，教学前思考，即在备课阶段预测某一教学过程中可能会遇到哪些问题，并寻找解决这些问题的策略和方法。这样做可以做到有的放矢地进行教学，达到事半功倍的效果。

［教学实例 1：钠的化学性质］

金属钠是我们在生活中很难接触到的物质。教学前我进行了自我提问——学生已有哪些生活经验和知识储备，怎样依据有关理论和学生实际设计易于学生理解的教学方案，学生在接受新知识时会出现哪些情况、出现这些情况后如何处理等。

表 1 一个教学片段

教师活动	学生活动
[创设情境] 模拟刘谦“表演”一个魔术——滴水点灯。	疑惑、期待
[演示] 向事先准备好的酒精灯灯芯上滴入一滴水，酒精灯立刻起火燃烧	观察、哗然 震惊、疑惑
[导入] 钠是一种什么样的金属？有哪化学性质？	好奇、思考
[提示] 观察金属钠与水反应的实验现象，思考这现象反映了钠的什么性质。	倾听、思考
[演示] 钠与水在烧杯中反应，在实物投影仪上展示。 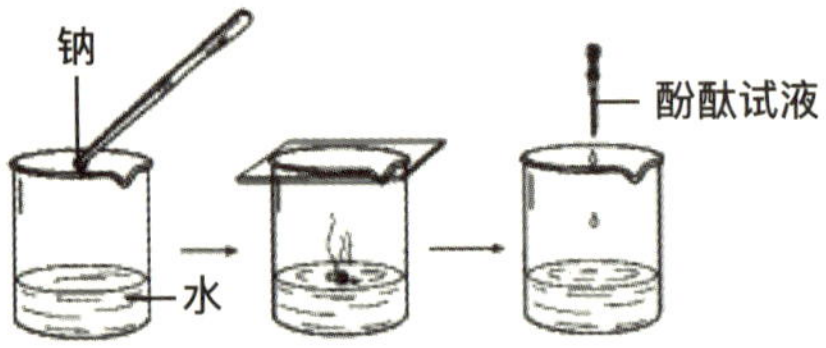 	观察、惊讶 描述、讨论

在这节课上，我创设了教学情境——“滴水点灯”。通过奇妙、有趣的实验现象激发学生的学习兴趣，他们强烈地想知道为什么会是这样。好奇心使他们跟随老师进入科学研究的殿堂，随后的教学过程在探究的氛围中一气呵成。

二、教学中思考，提高教师的应变能力

许多教师都有这样的经历：准备得很充分的一节课，教学效果却很差；甚至在一个班取得很好教学效果的课，在另一个班教学时却反应平平。因此，在教学中要针对随机出现的问题思考，随机应变，以保证教学高质、高效地进行。

[教学实例 2：物质的量——浓度的相关计算]

这节课内容是化学计算中比较综合的，与前面所学物质的量、摩尔质量等很多物理量都有联系。熟练运用公式进行计算是这节课的重

点，也是教学的难点。为此，我课前设计了先快速回顾，然后循序渐进，由浅到深、由易到难的教学过程，并在第一个班教学时取得了不错效果。

同样内容，运用同样方法在另一个班教学时，我发现能跟上老师思路的只有一小部分学生。于是，我立即改变教学策略，采用竞赛的方式以激发学生的兴趣和热情。

表 2 教学中的思考

问题	教学时	反思后
学生对大量公式有点儿混淆，弄不清该用哪个，甚至有人对公式里的字母的含义还没有掌握，跟不上教学节奏	简单回顾前面所学知识后，直接进行解题训练	将学生分组，总结前面所学公式，提示：总结以物质的量为核心的换算公式，注明公式中每个字母所表示的物理量及其单位，然后进行小组间的评比（必答部分）
	没有拿出时间巩固公式间的相互转化及其应用	老师出题，设置已知量，求未知量，需要用哪个公式由小组抢答
	直接给出习题，每道题中至少包含两个公式的应用	小组间互相出题解答，每组至少出一道试题，该试题至少要用到两个公式才能解答

通过必答、抢答、互相出题答等形式进行竞赛，结果绝大部分学生都掌握了知识点。

三、教学后反思，提高教师的评价能力

教学是缺憾的艺术，永远不可能有完美的课堂，而反思则是对这种缺憾的修补。在课堂教学结束后通过回顾、分析和审视等，反思自己的教学行为，总结教学的得失与成败，可以提高教师的评价和总结能力。

［教学实例 3：运用模型研究影响化学平衡移动的因素］

这节课是一节校级研究课，重在实验探究模型的建立及应用，但

课堂教学内容过多，上课时间明显不够，教学内容完成不了。因此，我大胆实施了微课教学，改变课堂教学结构，实现信息技术与课程的融合，既充分发挥老师的主导作用，又体现了学生的主体地位，自主、合作、探究，从而把学生的主动性、创造性发挥出来。

通过教学后反思，我客观评价了自己的教学过程，查找教学中出现的问题，录制微课。微课的内容是否具体、是否具有针对性，决定了学生获取知识的情况以及知识内化的效果。

让孩子爱上背诗

马雯艳

一、教学现状

1. 社会大背景：弘扬中华传统文化

我喜欢看的一档电视节目是《中国诗词大会》。课余，也邀请学生和我一起享受这场诗词的盛宴。孩子们津津有味地观看选手们的表现，不时议论。我则一边看一边思考：这场轰轰烈烈的“盛宴”究竟是靠什么吸引这些看似缺乏“诗意”的孩子的呢？那些平时学习诗歌叫苦连天的孩子何以在观看时对诗词产生了这么浓厚的兴趣？我们应以何种姿态面对祖先留下的文化遗产？作为语文老师，我们又该如何在教学中让优秀传统文化走上复兴之路？

诗歌是中国人表达情感的古老方式，从“蒹葭苍苍，白露为霜”的优雅美好，到“路曼曼其修远兮”的上下求索；从“老骥伏枥，志在千里”的壮志雄心，到“采菊东篱下，悠然见南山”的隐士风流；从唐诗的光芒万丈到宋词的婉约缠绵……千百年来，无数仁人志士都从这些意味无穷的诗词中得到滋养。

将优秀的诗歌传承给子孙后代，并滋养他们，就成了迫在眉睫的事。然而，如果学生只是机械背诵，而不理解其意蕴和美感，就本末倒置了。今日的孩子诵读诗词，为的不是能背会写，而是去体会那一颗颗充满诗意的心灵，进而与古人的生命、情感发生碰撞，以提升自己的修为。

2. 学校小背景：选课走班

十一育人模式下的选课走班为学生提供了众多可选择的课程，学生面对让人眼花缭乱的课程心花怒放。如果不能设计出有趣的活动，仅仅让诗歌学习停留在枯燥无味的背诵上，势必就会失去学生的心，进而让孩子远离语文课堂。

二、学生现状

我们身边固然有这样一些孩子——他们喜欢古诗词，愿意背诵，并且经常沉浸在古诗词的世界中，但这样的孩子少之又少。“熟读唐诗三百首，不会作诗也会吟”，这里的“熟”不是机械性重复，而应该是在理解诗意的基础上反复读。但大多数情况下，学生迫于考试压力，被动地进行机械背诵，而并没有真正理解。

如何才能将学生“要我背”转化为“我要背”呢？为此，我在八年级开展了“以诗作画抒闲情，为画题诗展逸致”的活动，收到良好效果。

三、教学过程

1. 教学构想

理想的语文教学内容要符合学生的特点，贴近他们的生活。爱玩游戏是学生的天性。因此，我在诗歌背诵教学中设计了游戏化的活动，力求用丰富多彩的游戏活动，激发学生学习诗歌的兴趣。

2. 教学流程及各环节设置目的

给定范围

游戏的方式是将诗歌绘制在扇面上。虽然要绘制的诗歌学生可以自己选择，但不是没有范围的。在活动之初，我将八年级需要背诵的诗歌加以整理并印发给学生，一来让学生有一定的选择范围，二来是为了达到活动为教学服务的目的。

绘制扇面活动介绍海报

抽签选诗

原本学生只需要在给定范围内选择一首诗歌即可。这样，学生就可以自由选择自己喜欢的诗歌，但在执行的过程中却遇到了意想不到的情况：根据某些诗歌绘制扇面相对容易，而有些诗歌的意境不是特别容易表达，所以学生的选择相对集中。为了解决这个问题，在活动过程中我们采取了抽签选诗的办法。这样就可以保证给定范围内的每一首诗歌都有学生选到，也为后面的展示讲解和年级巡演打下了基础。此外，抽签的形式也是学生喜欢的，他们在抽签的过程中既关注自己抽到的诗歌，也格外在意其他同学的抽签结果。他们抽的不是签，而是快乐。所以，活动在开始阶段就赢得了孩子们的心，开了个好头。

自主理解

为了解决诗歌背诵占用课堂时间的问题，本次活动的诗歌理解部分学生在课下完成。抽签结束后，给学生一周的时间自主理解。这是为绘制一幅好的扇面打下基础的关键一步，所以我适时介入。学生课下自主理解，在自习课上或者课间就自己理解的内容和绘制扇面的想法与老师进行交流，也可以就自主理解过程中产生的问题询问老师。当然，学生之间也可以交流。教师将抽签结果公示，学生可以在公示栏中找到与自己抽签结果一致的同学共同探讨，分享、交流阅读体验。无论是师生之间的交流还是学生之间的探讨，都是为了帮助学生更好地理解诗歌内容。

初二（2）班韩添雨同学的扇面作品

绘制扇面

学生利用一周时间进行讨论和理解，然后绘制扇面。这项工作也是在课余时间完成。

展示讲解

扇面绘制好后进行班级展示讲解。

年级巡演

让学生将每一首诗歌都绘制成扇面，一来非常耽误时间，二来学生必然会产生厌烦情绪。因此，我在期末考试后的小学段中，选出扇面绘制优秀的学生在年级进行巡演。这既是对这些学生的一种褒奖，也在一定程度上刺激了未选中的学生。学生对老师的讲解可能不感兴趣，但对同学的讲解往往十分在意。

整个活动实施了一个学期，每天下课后我都被孩子们包围着，有的和我聊对诗歌的理解，有的和我交流、讨论绘制的思路，有的对诗歌的作者产生了浓厚兴趣……每次我都在想：这些孩子看似能力有限，有时可能就是缺乏一个机会或是一把不一样的衡量尺子，如果教师能够提供一个机会或者一把尺子的话，他们就会带给我们惊喜。

年级活动如何与传统文化相结合

郭　迎

高一年级活动力求以学生喜闻乐见的形式，多维度、全方位地提供体验情境，拉近学生与传统文化的距离，让传统文化焕发光彩与活力，让学生爱上传统文化。

一、中秋灯谜喜乐会

当中秋节遇上灯谜，当答题遇上二维码，当奖品可以定制时……高一年级中秋灯谜喜乐会应运而生了。这是一场集视、听、品、悟于一身的文化盛宴。

2016 年 9 月 12 日中秋灯谜喜乐会拉开序幕，学生自主管理学院进行前期宣传与筹备工作。年级公众号同步宣传，学生积极投稿。

年级公众号同步宣传中秋灯谜喜乐会

学校里四处洋溢着火红的氛围，走廊、楼梯、操场上都装饰了红红火火的小灯笼。一条条灯谜卡成了学生眼中的焦点，灯谜的内容纷繁多样，与汉字结构、成语、俗语、诗词等中国传统文化息息相关。“驿外断桥边，寂寞开无主（打一毛泽东诗词）”“月落乌啼（打一字）”“有客叫门齐答腔，知是借钱皆不喜（打一成语）”……学生或三三两两群策群力，或独自一人乐此不疲，于方寸间与灯谜进行一次亲密接触，感受传统文化的独特魅力。

宋芾在中秋节灯谜喜乐会中张挂灯谜卡

9 月 13—14 日正式开放答题平台。学生可以选择传统纸制答题与手机扫码答题两种方式参加猜灯谜活动，还可以凭积分换取特色礼品。这样的活动设计大大提高了学生的参与度。通过张挂灯笼、给师友发放邀请函、猜灯谜竞赛、中秋印象手抄报展览等来渲染节日欢庆气氛，让大家在欢庆之余感受“方寸之间，寓万千气象”的灯谜的灵动与智慧，增进大家对中国传统节日文化的了解。

二、高一年级诗词大会

如果说中秋灯谜喜乐会是一场由外而内的文化、情感体验，那么2017年5月3日举办的“诗词大会”则是一次由内而外的心灵润泽之旅。抓住《中国诗词大会》节目热播、学生反响热烈这一契机，师生一同徜徉在明月清风的意象之中，感受诗词之美，采撷文人墨客留下的文化硕果。

主持诗词大会：吕玥伟（左）、窦欣羽（中）、廖博文（右）

活动设计流程如下。

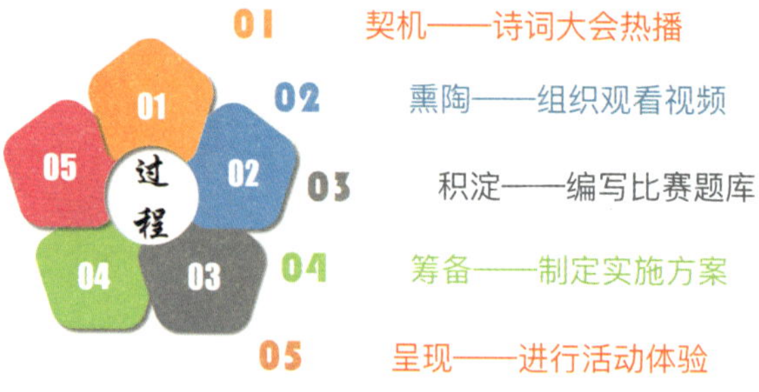

1. 契机

中国诗词是沉淀在中华儿女血脉里的文化基因，能唤醒人心底最温暖的记忆。丁酉新春，第二季《中国诗词大会》的热播，成为一场现象级的文化盛宴，它像一道清流直入人心、浸润心灵。“腹有诗书气自华”的武亦姝成了很多学生的偶像。在这样的契机下，举办一场别开生面的年级诗词争霸赛就成了水到渠成的事。

2. 熏陶

利用每天下午 4:30—5:20 的学生自主安排时间，在学科教室里播放《中国诗词大会》第二季比赛视频，为期一个月。内心强大的独臂女孩张超凡，人生处处是诗意的修车大爷王海军，“千磨万击还坚劲”的抗癌农民白茹云，自信返场的北京大学工科博士陈更，横跨《中国汉字听写大会》《中国成语大会》和《中国诗词大会》的全才彭敏，拥有古典气质的夺冠才女武亦姝……他们在或浮躁纷扰，或艰难困苦的环境中仍能保持一份恬淡、宁静，让学生感悟到古典诗词滋养的诗意人生。

3. 积淀

“沉浸浓郁诗词美，含英咀华齿留香”，为了让学生增加诗词积累，我和年级部分语文教师一起为学生精选了 260 多首诗词，编成一本比赛用书——《醉美诗词》。

《醉美诗词》书影

4. 筹备

学生自主管理学院通力合作确定实施方案，师生共同策划、打磨比赛题型，制作课件，选拔赛手，筛选节目，宣传推广……一次次与学生自主管理学院各部门负责学生召开筹备会，一次次改进比

王际帆主持诗词大会观众互动环节

赛方案增加决赛环节的趣味性和参与度，一次次细化各部门的分工，让学生真正成为这场活动的策划者与实践者。在不断的思维碰撞中，学生的潜能也一步步被激发出来。

5. 呈现

经过紧张的筹备，高一年级诗词大赛如期和大家见面。整个活动气氛紧张而又活跃。一个个年轻的生命在舞台上光芒四射。每个班级各派出三位实力派代表强强对决，开场词或有“春风得意马蹄疾，一日看尽长安花”的自信，或有“山一程，水一程，身向榆关那畔行”的步步前行，或有“运筹帷幄之中，决胜千里之外”的豪迈。

诗词大会精彩开场白

理二班代表队（从左至右：牛方、耿翊伦、段元欣）

文科班代表队（从左至右：苏冉明、张潇灵昀、徐纪璇）

理一班代表队（从左至右：邓琦、李贝尔、于楚衡）

比赛分为必答题、抢答题、风险题和线索题。此外，还增设了互动环节。如果台上的选手没答出来，台下的同学可以抢答并得到小礼品。为了缓解场上选手的紧张心情，同时又增加现场的娱乐性，中场休息环节进行了学生才艺表演，给了更多学生上台展示的机会。

张雪和刘思儿的歌曲《凉凉》令人陶醉；高文萱和侯婧萱浅吟低唱《青花瓷》，张潇灵昀同学穿着古装，弹着古筝为其伴奏，颇有几分意境；梅蕃带来了《飞鸟之梦》，她翩若飞鸟，人美，舞美，令人惊艳；洪世豪清唱《新贵妃醉酒》，掀起热潮，让人拍手叫好。

张雪、刘恩儿演唱《凉凉》

高文萱、侯婧萱演唱《青花瓷》，张潇灵昀伴奏

梅蕃独舞《飞鸟之梦》

洪世豪清唱《新贵妃醉酒》

现场最令人期待的是巅峰对决——飞花令大战，选手们你来我往，诗词佳句信手拈来，让人应接不暇。学生在感受诗词魅力的同时，更感叹语文积淀的重要性。冠军最终由实力强劲的文科班代表队获得。

诗词大会冠军：文科班代表队

诗词大会亚军：理一班代表队

教师需要一双慧眼去唤醒、发现和捕捉学生的兴趣点，让学生成为活动策划的主体，给学生更多展示的舞台。高一年级通过一系列活动，让学生动起来，在体验中学习，在参与中感受，走近传统文化，爱上传统文化。

让学生喜欢上数码摄影课

李震猛

2016 年 9 月初，我校在初中、高中开设数码摄影课程，每班 15 人，共 5 个班，一周 2 课时。在此，和大家分享一下我的摄影课堂教学方法，以及指导学生的一些做法。

一、创设课堂学习情境，激发学生的学习兴趣

随着手机拍照功能的发展、手机在学生中的普及，学生对用手机拍照很喜爱，于是我开设了数码摄影课，教授手机摄影技巧与后期 APP 软件的使用。我在讲解手机摄影技巧时，遇到了怎样把手机操作的屏幕内容实时投放到多媒体大屏的问题。我查阅各种资料后，发现无线同步投屏器可以实现这一功能。于是，我就订购了一套。经过一段时间的测试，这个设备能完全满足教学需求。我利用这个设备上了一堂关于手机摄影后期处理的研究课，效果很好。

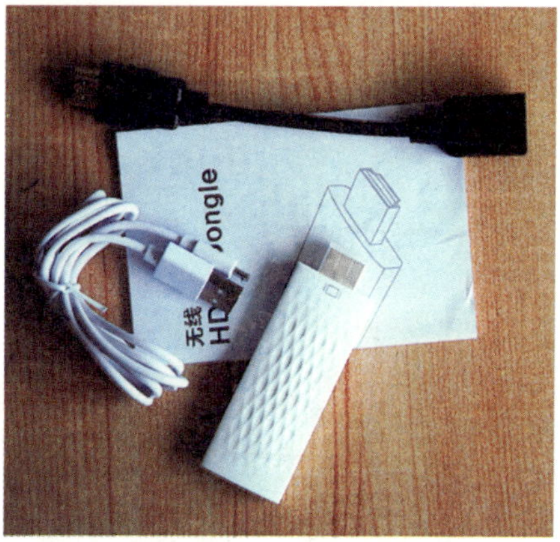

手机无线同步投屏设备

数码摄影研究课

学生学习手机摄影

春节假期结束后，学生回到校园，如果老师还是像平时一样讲一些摄影知识，学生通常不会喜欢，我就让学生利用手机同步投屏器，把自己春节期间用手机拍的照片投屏分享给同学，并谈谈拍摄照片的感受。这样做可以培养学生的表达能力，也可以让学生感受到影像的力量，从而爱上摄影。

鲁思远同学讲述假期旅行中拍摄的作品

二、建立良好的师生关系

1. 平等对待学生，满怀期待之心

摄影课学生实践

学生拍摄厨艺课

学生拍的书法课

在我的摄影课上，有这样一名学生——魏泽越，他爱好拍火车和地铁机车等。我在跟他聊天时得知，他在小学五年级就参加了北京地铁志愿者协会的服务工作，从那时起他就开始拍各种型号的火车和地

铁机车。我引导他把这个作为他的拍摄方向，并说如果拍得好，就给他办个人摄影展。于是，他利用周末时间去北京各大火车站和参加志愿者协会活动时去各个地铁站，拍了各种火车和地铁机车的照片。上课时他会找我讨论照片的构图和用光问题。一个学期后，我们在学校实验楼一层大厅为他举办了以火车和地铁机车为主题的摄影展。这让全年级的学生都了解了他，年级有活动时会请他去拍照，这为他提供了施展才能的平台。

摄影社团社长——魏泽越

魏泽越同学拍的火车机车

魏泽越同学拍的北京地铁机车

2. 尊重、信任学生

在我的摄影课上，还有一名学生——齐锐，他个性鲜明。有一次上课时他用 U 盘拷贝了几幅他拍的摄影作品想让我给他评价一下。我就把他的作品展示给同学看，并指出其中存在的问题。这

齐锐同学自拍作品——《窗》

让他有点儿不高兴了。第二天，他又拷了几幅作品让我看，我又指出其中存在的问题。他不服气地说："老师，昨天上课时您就指出我的作品有问题，您是故意难为我吧？"我赶忙解释，并耐心地跟他讲解作品中存在的问题及改进的建议。后来，他又给我拷了几幅作品。这次他拍摄的书和花很棒。于是，我在摄影课上展示了他的作品并表扬了他。

齐锐摄影作品——《书》

齐锐摄影作品——《花》

三、给学生的作品建立交流、展示的平台

我建立了一个公众号，定期推送学生的优秀作品。学生经常会把用手机拍的作品发给我，通常我都会及时做出反馈。

选课走班模式下的“小集团”教学

田维红

“小集团”是让选课学生根据身体情况、运动能力、身体素质、性别、个人爱好和特长自由组成人数相近、个性特征相近、兴趣相同、目标一致的小集团，并且选出小组长。

一、小集团教学的优势

选课走班一年来小集团教学表现出以下优势。

1. 有利于体育素养的培养

体育课要面向全体学生，要让学生全面发展，小集团教学正好能够做到这一点。学生自选伙伴，自定目标，自我追求，自我发展，自我评价，自我体验学习，团结互助，可满足自我实现的需要，可产生强烈的学习欲望。把简单的体育教学转化为激发自我动机和独立获取知识、技能的手段，可以让学生获取不同层次、不同方面、不同程度的知识，提高体育学科能力，感受自身价值，为终身体育锻炼打下基础。

2. 有利于师生情感的沟通

小集团教学革除了指令性和划一性的教学弊端，解除了学生的精神束缚。教师在教学过程中不仅重视教法，重视学生的学法、练法，还注重学生个性和兴趣的差异，以调动学生的积极性，满足学生学习和锻炼的欲望。师生互教、互学、互研、互助、互评等，可以促进良好师生关系的形成。

教师辅导小组练习

3. 有利于学生掌握基本技术

教师给学生自主权，为他们创造了良好学习环境、学习条件，激发他们去主动完成学习任务。尝试一年的结果是 95% 的学生能较好掌握新内容。实践证明，小集团教学能提高体育课的练习密度，有利于教学任务的完成。

4. 有利于培养学生骨干

实施小集团教学，将学生分成几个组，甚至十几个组，每组都有小组长，每个学生都有锻炼的机会，也有事可干。小组长管理有序，提高了学生骨干的管理能力。

二、小集团教学应注意的问题

1. 有计划、有目标地进行实验

先试点，后推广，逐步完善。

2. 小集团教学不是对学生撒手不管，而是有组织、有计划地进行

体育课教学中有全班进行的，如集合、队列、准备部分、基本部分和教材讲解、示范等。小集团教学则是在练习中，或学生完成统一规定的教材内容后采用的。

李佳晔、田军傲小组合作自主练习

3. 对教师提出了严格要求

教师在授课前要认真备课，对每个组的学生情况、场地、教材等都要清楚了解，提出任务、要求、安全事宜等，必要时还要给每个组提供教学卡片。练习过程中，教师要到各组巡回检查、指导、帮助学生练习，必要时要同学生一起练习，发现问题后及时解决。

4. 要不断改进、提高

要给学生尽可能大的自主权，提高场地利用率，不断改进。

小小纸飞机，魅力却很大

查达发

一、折纸飞机能折出什么

空间概念：一张 A4 纸，折成立体的、形状各异的纸飞机，实现从平面到立体的转换。

逻辑思维：会看图纸，从点到线，从线到面。

手脑协调：不仅动手，还要动脑，心灵手巧。

观察、理解：边飞边调整，也观察同伴的叠法。

联想、创造：由此及彼，折叠方法千变万化，首先学习，然后创造。

锻炼身体：一般的手工都是折叠完成，活动即中止；折纸飞机的魅力在于折完后还有放飞的过程，而且可以同伴之间竞技，在不知不觉中锻炼体能。

纸飞机掷远训练

二、折纸飞机的优势

材料易得：普通的 A4 纸就可以折出各种纸飞机，也可以是用过的纸，折完飞机后还可以回收，节能环保。

教师指导学生体验纸飞机活动

场地易得：对场地要求不高，场地大可以飞距离，场地小可以玩滞空，还可以玩悬浮、风火轮和靶标。

时间易得：有空可以多玩会儿，也可以让学生在紧张的学习之余放松一下，三五个学生就可以随意组队竞技，实现劳逸结合。

三、纸飞机还能带来什么

纸飞机不仅小孩能玩，大人也能玩。

我校学生（从左至右：张睿扬、吕楠、刘俊修、赵彦平、冒一凡）参见全国纸飞机总决赛并获得一等奖

有区级比赛，有市级比赛，还有国家级、世界级比赛。

折纸飞机可以发展兴趣，收获友谊，强健体魄，坚韧意志，塑造品格，参赛夺奖，参评奖学金……

还有很多惊喜等着你来发现。

CHAPTER 04

第四辑　学习即成长

让学习真正地发生

初中名著阅读“七字诀”

欧林侠

整本书阅读一直是中考、高考的要求，现在更是被提到相当高度，所占比重加大，考查也越来越细致、越来越灵活，但它在教学实施中却面临着重重困境：学生不重视、不喜欢，等等。如何深入、有效地推进阅读，成为一个重要问题。

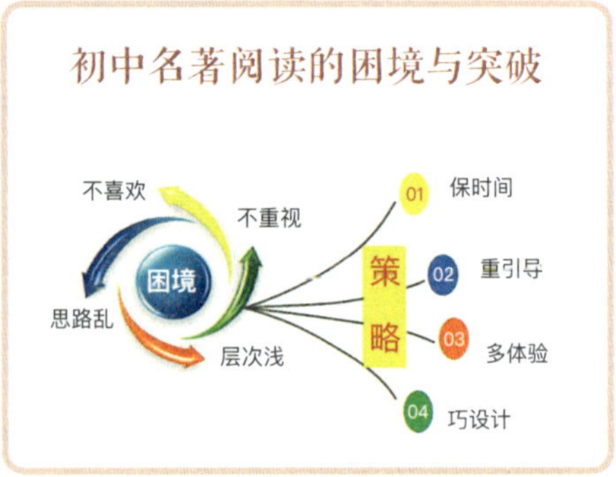

一、整合教材

相对于文选式教材单篇独章的讲解，整本书阅读更有利于学生阅读能力的提升，并能为学生养成终身阅读习惯打下良好基础，所以，必须为名著阅读挤出时间。我尝试每周拿出1课时用于名著阅读。我制定了课时计划表，把零散的时间用起来，并在期中、期末两个小学段汇报、展示名著阅读成果。

“教材只是个例子”，不必面面俱到，篇篇都讲，可以对教材中的文章进行整合。我尝试将相同主题或相同文体的文章整合在一起，并补充一些经典篇章。

1. 整合

比如，将第八册下第四单元（苏教版语文教材，下同）、第九册上第二单元和第九册上第四单元三个小说单元整合在一起，一共用了16课时。如果按照以前的教学设计，至少需要20课时。省出的4课时，可以用于拓展阅读。

这几个单元小说的精讲篇目如下：现代小说《孔乙己》（第八册下）、《故乡》（第九册上），侧重小说的三要素——人物、情节、环境，应全面讲解。课上助读周作人的《鲁迅小说里的人物》（节选）。古代小说《范进中举》（第八册下），侧重小说环境。当代小说《百合花》（第九册上），侧重小说情节。外国小说《我的叔叔于勒》（第九册上），侧重小说人物。

小说选篇的自读篇目如下：《智取生辰纲》（第八册下）、《窗》（第八册下）、《在烈日和暴雨下》（第九册上）、《多收了三五斗》（第九册上）。

拓展阅读篇目如下：单篇《项链》《装在套子里的人》《麦琪的礼物》，整本书《契诃夫短篇小说选》《骆驼祥子》《呐喊》《三国演义》等。这样安排既考虑了学生的兴趣，也兼顾了考试。

2. 补充精讲篇目

比如议论文，第八册下第二单元有《纪念白求恩》《敬业与乐业》《多一些宽容》《人的高贵在于灵魂》《陋室铭》共五篇。这是学生第一次接触议论文，而教材上的这几篇文章都不是典型的议论文，不太适合作为例子使用。我选取了一篇经典议论文《谈骨气》作为议论文单元的起始课，再选取教材中的《纪念白求恩》《陋室铭》重点学习，其他篇目则让学生自读，然后补充近几年的中考题或模拟题中的议论文进行巩固训练。

二、设计阅读活动——“七字诀”

整本书阅读以师生充分自读为基础，以班级讨论为主要交流方式，以教师评价为指导，促进师生语言与精神的成长。

大部头名著信息多，学生在阅读中容易懈怠，所以设计恰当的阅读活动势在必行。教师应组织多样性的活动，让学生在活动中体验到阅读的乐趣。为了使阅读更有成效，我用读、观、绘、演、说、写、测“七字诀”来引导阅读，多管齐下，给学生选择的自由，学生可以用自己喜欢的方式阅读和体验。

任何活动都起于文本阅读，然后通过活动回归对文本更深入的理解。

1. 读

老师陪伴阅读和导读，带领学生推开阅读之门；学生通读文本，了解情节脉络。学生要读，以提高阅读的量和质；教师更要读，率先垂范，做好学生的导师。阅读指导是教师的本职工作，在阅读指导过程中应让学生充分体验阅读的快乐。有时，我会陪着学生安安静静地读书。有时，我会引导学生阅读。比如，阅读《三国演义》时，我会组织一些与《三国演义》有关的活动，如成语、歇后语竞猜，“我所知道的三国故事”“我所知道的三国人物”“《三国演义》中的诗词赏析”等。

2. 观

让学生观看经典影片和名家解说，激发他们的兴致，加深他们对小说情节的熟悉和对人物的认识。

我利用学生吃午饭的时间或自习时间播放京剧《捉放曹》、电视剧《三国演义》、《老梁故事汇》中关于“三国”的故事等。

3. 绘

让学生绘制思维导图来梳理情节和人物关系。大部头作品内容繁多庞杂，人物关系盘根错节，学生读完后往往理不清头绪，通过绘制思维导图可以让思路变得清晰。

例如，阅读《三国演义》前20回后，要求学生梳理吕布、曹操、刘备、袁绍之间的矛盾、纠葛，并用思维导图展示。

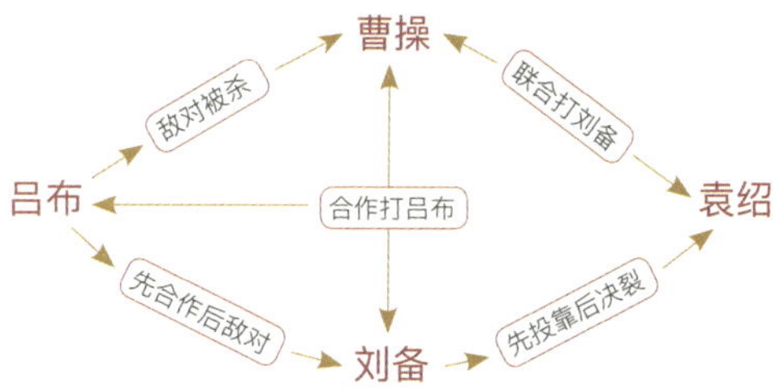

4. 演

让学生为经典配音，表演精彩情节，在表演中体验人物的内心世界。

“经典我配音”颁奖仪式（从左至右：姜昊俊、鲁思远、朱嘉硕、陈安娜、徐国育）

师生共读《三国演义》《水浒传》后，年级开展了一项阅读活动——“经典我配音”。

很多学生积极参与，选择了大家耳熟能详的情节“华容道义释曹操”“智取生辰纲”“鲁提辖拳打镇关西”等。学生自己组合、改稿、排练，乐此不疲。在展示过程中，学生既是主持，又是观众和评委。现场评分颁奖，引发了学生的强烈反响，掀起了阅读高潮。

5. 说

为了营造阅读氛围，我们设计了一份海报广而告之。

英雄传奇榜——语文微讲堂

读书之乐，第一莫若读《水浒》！不读《水浒》，不知天下之奇！《水浒》传奇，我来演说！演说《水浒》，我是英雄！

参与方式：为你喜欢的《水浒》英雄做传，包括但不限于姓名、绰号、兵器、性格特点，最重要的是一定要有你对他的评价。

分享时间：你的语文老师会在每周的阅读课上给你大把的时间让你侃侃而谈，这样的机会并不是总有，要珍惜哦！

参与奖励：参与一次及以上的同学均有奖励，参与越多，奖励越大哦！

广告引发了学生的热情，他们在课余拿起《水浒》。学生积极参与，课堂上他们慷慨激昂地陈述个人见解，师生互动，生生质疑、辩论，激荡出美妙的思想。在阅读《三国演义》时，利用期中考试后的小学段，年级开展了“三国风云讲坛”活动。学生自己设计海报宣传，自己组织。学生刘时闻这样记录微讲堂的课堂。

最美的课堂

一次次的努力，如新芽顶破冻土般的坚毅；一丝丝嘴角上上扬的微笑，如红日初升般的温婉和睦；一步步走向讲台的勇气，如俯瞰山巅之云的阔达。这样的课堂是属于我们的，这样的课堂也是最美的。

主持人带着微笑上台，在“微讲堂”的舞台上，你讲你对《水浒》天马行空的想法、你所知道的奇闻逸事。主持稿你自己准备，课你自己讲。

赵泽宇同学讲《三国》

6. 写

书写阅读感悟，把握作品精髓。引导学生在阅读中发现细节。因为学生有不同的性格，有不同的生活经历，所以他们能够从不同侧面来看待作品。通过交流对作品细微处的理解，学生的认识不断丰富。

走进《水浒》之勾连阅读

一、《水浒》中《杨志押送金银担，吴用智取生辰纲》的故事写得层层推进，扣人心弦，而此后由“生辰纲”事件又引发了一些故事。请你来梳理。

表　由“生辰纲”引发的种种血案

血案一：夺取二龙山	血案二：血染石碣村	血案三：火并王伦	血案四：怒杀阎婆惜
参加者（绰号＋人名）			
被害者			
案件起因			
案件经过			
案件结果			

二、鲁智深是小说开篇详细描述的人物，请你结合他所经历的事件，站在不同人物的立场上，用一句话评价他。

7. 测

不管设计怎样的活动，学生参与多么积极，场面如何热烈，最后还要检测一下学生能否灵活运用。为了让检测更有效、更有趣，我设计了网上闯关活动，过关者有红包打赏。例如，阅读《水浒》时，我利用问卷星软件设计了“英雄联盟”闯关，学生做完一遍，答案自出，借此学生可以纠正错误，也可以反复练习。除了这样的测试，我还搜集和设计了纸质测试卷，让学生综合演练，以评价他们的阅读效果。

总之，我通过设计丰富、有趣的阅读交流活动，促使学生更细致地阅读文本，自己发现问题，在阅读过程中与作者对话，不断形成自己的感悟和想法。

用思维导图撬动学生深度学习

张 玲

怎样促进概念形成？怎样促进学生自主深度学习？通过实践，我发现运用思维导图可以取得较好效果。

一、思维导图是促进大概念形成的利器

刘恩山教授指出，教学应由下至上，从次位概念、重要概念再到大概念。就像先铺砂石搭建路基，然后才能铺枕木和铁轨。大概念就像是金字塔的塔尖。教学不能只有塔尖，更不能建好基座，塔尖却没盖成。

我们的生物教学，以及其他各个学科的教学，普遍存在一个问题，即只是努力“建好基座，塔尖却没盖成”。我们将过多精力用于琐碎的基础知识教学，最终由于时间不够等原因没有对知识进行整合并将其上升到大概念的层次。而琐碎的知识容易被遗忘。我想，如果先给学生建设一座金字塔，然后每学习一部分知识就整合一下，让学生明白这是金字塔的哪一部分或它与金字塔的关系，将有利于大概念的形成。思维导图恰恰能发挥这个功能，成为促进大概念形成的利器。

学生在做笔记的过程中，恰当地使用思维导图，可以使笔记更具

条理。学生在绘制思维导图的过程中，会不由自主地构建知识的框架。因为知识框架是自己构建的，学生的记忆就会特别深刻，这使得课堂效率提升，也使得学生的课堂收益变大。思维导图相比传统笔记，更具艺术性。当学生翻看课堂思维导图进行复习时，面对的不再是一条条枯燥的知识点，而是一幅幅由知识构成的图画。同时，思维导图又具有条理性，学生在翻看时可以慢慢回忆知识框架的内容。这有利于学生理解知识，在提高学习效率的同时，感到自主学习的乐趣。

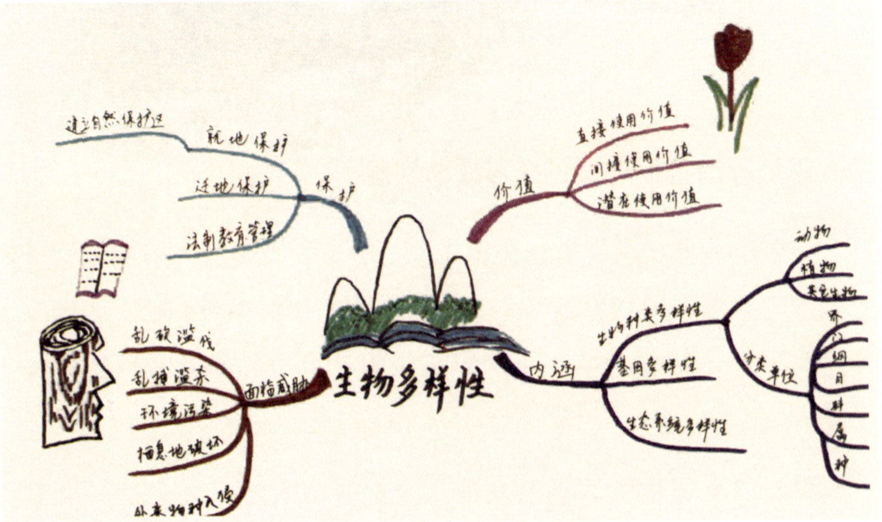

样例："生物多样性"思维导图

复习时构建思维导图，应当要求学生先不看课本，凭记忆进行构建。构建完毕后，再查阅课本，添加遗漏的知识点，使思维导图变得更加丰满。这样可收到良好的复习效果。

如果将中学生物课程划分为几个大单元，让学生在学习完一个单元后，尝试将前面小的思维导图整合为一个大的思维导图，这就有利于学生从每节课的小概念发展到形成次位概念、重要概念，再逐渐形成记忆深刻的大概念。

二、思维导图，可以给学生提供一个展示的舞台

1. 多一种评价方式，就多一批好学生

将思维导图应用于生物教学中，其多样的表现形式，可以充分发挥学生学习的主观能动性和创造力。多给学生一种展示的方式。就是多给老师一种评价的方式，这有利于尊重学生个性，发现一批好学生。

2. 多一次展示，多一次提升

思维导图能充分暴露学生思维的问题或错误，教师可借此对学生进行个别化指导，从而帮助学生形成正确的概念。

3. 多一种刺激，多一份收获

从质量不同的思维导图中可以看出学生的转变：对知识简单分类→加图加彩→比较清晰的层次→更清晰的层次和更多样的形式→图文并茂、高质量的思维导图。学生由罗列书本知识到形成概念，从各章节到整体，通过理性思维，成功实现了对知识层次及其联系的梳理。他们将零碎的知识整合，使知识变得系统化，从而形成大概念。

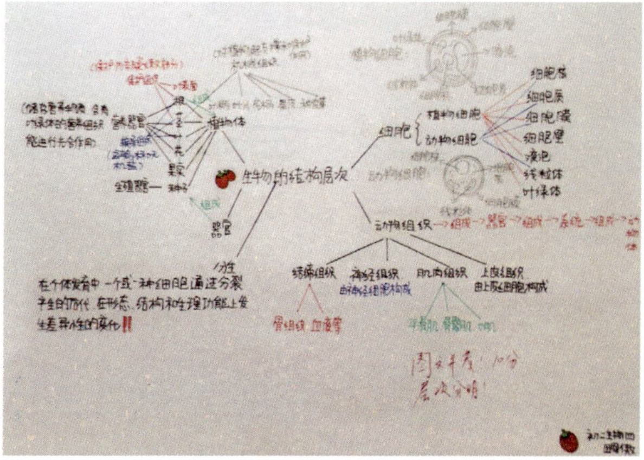

田军傲同学画的思维导图

三、怎样画思维导图

画思维导图的技法是突出重点、发挥联想、清楚明白、形成个人风格。

第 1 步：点画中心主题 → 第 2 步：线画主干 → 第 3 步：面添细节，充分全面 → 第 4 步：图彩配图填色。

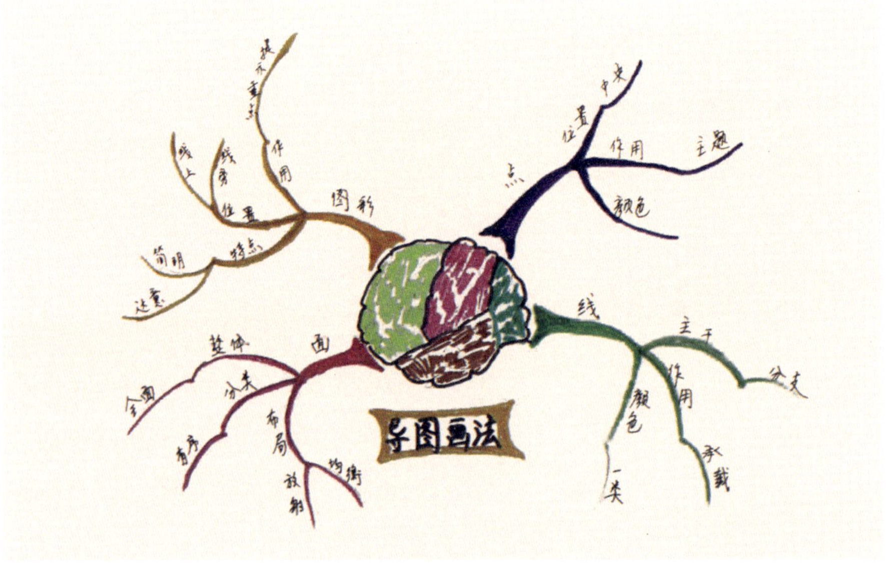

样例："导图画法"思维导图

用 Word 制作思维导图

徐延朝

一、思维导图的特点

①注意的焦点清晰地集中在中央图形上。

②主题的主干分支从中央向四周放射。

③分支由一个关键的图形或者产生联想的线条上面的关键词构成，比较不重要的话题也以分支的形式表现出来，附在比较高层次的分支上。

④各分支形成一个连接的节点结构，在表现形式上是树状结构。

思维导图在生活中有很多应用。例如，可用于做计划、做决策、组织会议、做会议记录、整理人脉、制作待办事项清单、制作行李清单、做读书笔记、记录头脑风暴，等等。

二、常见的思维导制作图软件

Office Visio 是一款对复杂信息、系统和流程进行可视化处理、分析和交流的软件。可以通过编程方式或与其他应用程序集成的方式进行扩展，可满足特定行业的需要或独特的组织要求。较专业。

Edraw 是一款综合绘图软件，功能强大。需要购买。

Mindjet 是一款创造、管理和交流思想的通用标准绘图软件。由 Mindjet 公司开发，界面可视化，有直观、友好的用户界面和丰富的功能。

Xmind 采用 Java 语言开发，可跨平台运行，基于 EclipseRCP 体系结构，可支持插件。

Freemind 是一款跨平台的、基于 GPL 协议的自由软件。用 Java 编写，其产生的文件格式后缀为 .mm。它包括了许多让人激动的特性，包括扩展性、快捷的一键展开和关闭节点、快速记录思维、多功能的定义格式和快捷键等。

Visio　Edraw　Mindjet　Xmind　Freemind

百度脑图是百度公司旗下的网站，支持自动实时保存，同时它又是一款在线工具，通过 HTML5 独特的技术做到几乎无延迟。网址：http://naotu.baidu.com/。

三、用 Word 制作思维导图

我们常用的办公软件 Office 中也有相应工具来实现思维的形象化表达。在 Word、PPT 中有类似的功能（SmartArt）来绘制图形、图表。在 Word 中使用该功能的操作步骤如下。

第一步：打开文档窗口，切换到【插入】功能区。在【插入】选项卡中单击 SmartArt 按钮。

第二步：在打开的“选择 SmartArt 图形”对话框中，单击左侧的类别名称选择合适的类别，然后在对话框右侧单击需要的 SmartArt 图形，并单击“确定”按钮。

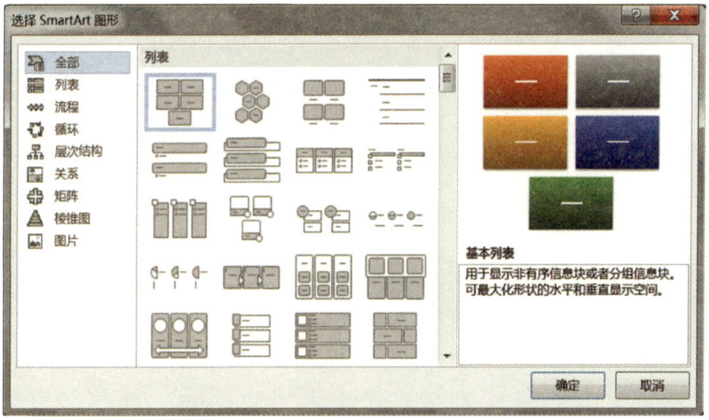

第三步：返回文档窗口，在插入的 SmartArt 图形中单击文本占位符输入合适的文字即可。

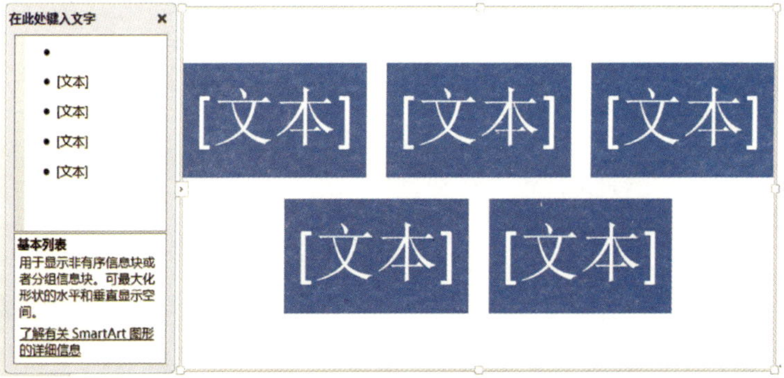

作文教学“五字诀”

乔文艳

有很多初中学生存在不同程度的写作困难。因此，如何有效地提高学生的写作能力是值得认真思索的。

根据《义务教育语文课程标准（2011年）》中对7—9年级学生写作能力的要求，针对学生现有的水平，我设计了以“观、思、评、修、合”为主线的贯穿三年的课堂作文教学思路。

首先，降低写作起始阶段的难度，从写话、习作入手，重在培养学生的写作兴趣和自信心；然后加强片段写作训练，从基本写作能力抓起，逐渐训练各种写作方法；接着再进行组合、修改、讲评；最后整合、完善、提高。

一、观——细心观察，从一句话写起

生活是写作练习的源头活水，能够为学生的作文提供写作素材与情感体验。教师要尽可能从学生熟悉的话题入手进行写作训练，使学生有事可记、有物可状、有理可说。联结写作与生活就是指导学生观察生活、感悟生活。

学生只有借助观察，思维才能深入，想象才会展开。要想提高学生的作文水平，就要引导学生从身边的事情开始观察，以丰富学生的感知，为学生日后的写作提供素材。为提高课堂效率，我引导学生擦亮眼睛，从身边取材：在课堂上观察值日生擦黑板的动作、每天早晨老师走进教室时的神态、同学回答问题后老师鼓励的语言……考虑到学生的写作水平，我要求学生认真观察，就写一句话，然后全班汇总。慢慢地，学生就积累了一些好的语句。

只见他先拿抹布在清水里揉了揉，拧干，走到墙边，蹲下，然后从上边开始认认真真、一块一块地擦着墙砖……（观察值日生擦墙的动作）

老师一脸凝重地走进教室，站在讲台上，慢声细语地说："吐在地上的口香糖会影响你的素质。"（观察老师早晨走进教室处理事情时的语言及神态）

课堂作业就布置学生仔细体会，如早晨出家门时父母叮嘱的语言、晚上回家后父母忙碌的动作，等等。

一打开家门，妈妈连忙跑到我身边摘下我的书包，问道："孩子，饿不？"（晚上回到家时妈妈的动作及语言）

看到学生观察后积累的语句，我很高兴。我告诉学生，这些语句就可以成为作文中的内容。这就是描写。这项训练为以后开始片段练习打下了基础，也符合学生的兴趣。

二、思——认真思考，片段训练跟进

能不能把文章写好，首先在于思维品质，其次才是表达能力。一个善于思考、发现的人，在写作上也能"一触即发"。他的笔下，永远会有新奇的人和事。起始年级的写作课应着重启发学生关注自己的生活。"用一句话描述生活场景"进行一段时间后，便进入第二阶段的训练——片段练习。

1. 片段练习，统一题目

为了便于在课堂上指导，我决定先用统一题目进行训练，让所有学生都写同一个片段，并进行辅导。第一个题目是“扫卫生区”。每个学生都有扫卫生区的经历，扫净树槽里的树叶等垃圾是个难点。于是，我就从这里入手：让学生先实际操作，体会怎样才能把树槽清扫干净；积累经验后再把自己的做法用文字叙述下来。于是，作文中就出现了这样的语句：“先用扫帚尖部将所有树叶扫到一起，然后再用扫帚的中间部位将它们扫出树槽，剩下的，我就小心地捏起来……这样反复几次，很快就将树槽扫干净了。”后来，我们练习写擦黑板、练站姿、吃饭、生病、吃药等一些生活场景，效果非常不错。

2. 片段练习，作业紧跟

经过一个月的训练，学生对片段练习已经熟悉。这样，国庆节小长假期间，我就布置了一些非命题的片段练习。比如，写洗碗、整理书包、家长做饭时的动作，受老师表扬或批评时的心理活动，做一道菜、完成一项手工作业的过程等。这些练习都收到较好效果。

3. 片段组合，初成文章

在完成片段练习的基础上，我开始指导学生把片段进行组合。突出一个中心，再加上事件的起因、经过和结果，一篇简单的记叙文就完成了。训练时，我还是从学生的生活入手，如先让学生写老师、家人等，提醒学生抓住老师和家人的特征写几个片段、通过描写表达他们的品质并进行组合。这样学生就写出了一篇比较像样的记叙文。

下面是一个学生写一位数学老师的片段。

有一次，我忘了写《三新》，很怕老师说我，我焦急地想：“唉！我该怎么办？”不能坐以待毙，可是又有什么方法呢？我这个数学课代表居然没有写作业，怎么在同学心中树立威信呢？啊！怎么办？有了，虽然不知道行不行，但是起码要试一试。我找到成老师，非常紧张地说："老师，我要认错。"老师笑着对我说："啊！怎么了？"我吞吞吐吐地说："我《三新》没有写。"没等老师开口，我就向老师承认了错误，向老师保证以后再也不犯同样的错误，请老师原谅。出乎我的意料，老师竟然笑眯眯地说："没事，补上就行了，下不为例。"听着老师的话，我迈着轻松的步伐走出了办公室。我想："老师这么信任我，下次决不能辜负老师的信任。多么宽容的老师啊！"

就这样，该生把自己心目中位置最高的三位老师分别进行了一番描写，组合成了一篇文章，题目为"我的老师们"，涉及老师的宽容、老师的严厉和老师的责任心。

经过指导，每个学生都写了一篇由三个片段组合成的作文《我的老师们》。对学生的作文，我进行了认真批改，勾画出他们在文章中所运用的各种描写人物的方法，并在讲评时加以表扬，让学生感受到一种成就感。运用这样的方法，学生又写了《妈妈的爱》《父亲的严厉》《给我印象最深的一件事》等几篇作文。这样，学生对写作文越来越有信心、兴趣也越来越浓了。

鲁思远、李艺萌和乔文艳老师一起修改作文

三、评——多角度讲评，共同提升水平

在写作教学中，不少老师花了大量时间批阅学生的作文，而许多

学生在收到老师批阅的作文后，只看一眼就放在了一边。针对这种情况，教师应进行多方面、多角度的讲评，这样才会有更好的效果。

1. 自评

这种方式要求学生成为自己习作的第一读者，在欣赏的过程中不断完善与改进自己的习作。这有助于学生养成对自己负责的态度，并改正一些错误，如错别字、标点等。

2. 互评

互评就是同学间互相评阅作文，有多种形式。从课堂教学组织形式上划分，有同桌互评、小组评判、对组评判、全班评判等。互评重视相互学习和提高，即通过学习活动发现伙伴的优点，借此相互了解、相互激励、相互提高。

互评作文充分体现了探究式学习的理念，为学生提供了自由表达、质疑、探究、讨论问题与评价的机会，让学生通过个人、小组、集体等解难释疑、尝试评价活动，将所学应用于解决实际问题。学生互评作文不仅可以使学生得以相互学习对方作文构思的巧妙、文章措词用语的准确，进一步丰富自己的知识，而且培养了学生团结协作的精神，营造了和谐的学习氛围。

3. 师生共同评阅

这种方式更有助于学生提高作文质量。教师在布置了写作任务后，一定要做全面批改或抽取部分批改，以及时发现共性的错误，并分析其性质和原因，然后在课堂上讲评。比如，教师可以针对一个学生作文中“有争议”的一句话或一段话，引导其他学生分析并提出见解和改进意见。然后，再让这位学生认真思考，思考哪位同学的改进意见更容易接受，再对自己的文章进行改写。这种方法有教师的引领，有大家的集思广益，还有自我的去粗取精，有助于学生写作水平的提高。

四、修——多层次修改，提炼文章精华

通过多角度的讲评后，学生进入写作的重要一环——修改文章。修改是对文章再认识、再研究的过程。通过完善立意、增删内容、调整结构、锤炼语言等方面的修改，写作者的认识与所要反映的客观事物、所要说明的客观规律等会更加贴近、更加协调。

1. 错落有致，详略得当

有时，学生即便明确了修改范围，遇到具体文章时仍会有不知从何下手的感觉。在描写训练中，有时学生会越写越细，不分主次，什么场景都要刻画一番，有时一篇文章学生写到 1000 字还难以收笔，铺垫冗长。针对这种情况，我就对学生讲，描写的内容必须用以突出中心，否则便属画蛇添足；文章必须确定详略，抓住中心进行刻画。然后指导大家对文章进行修改，留下精华。经过一段时间的训练，学生大多会有进步。

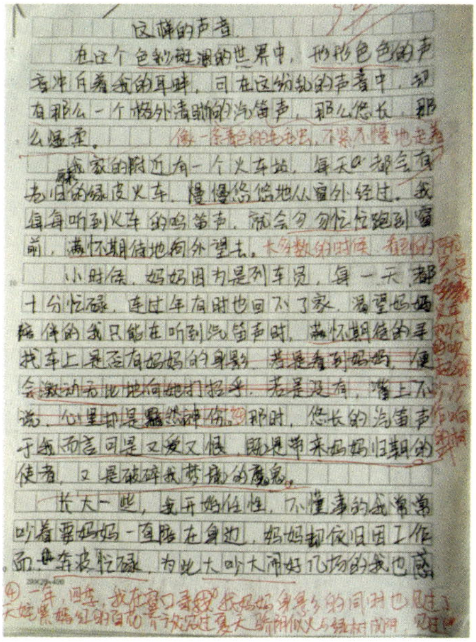

汽笛的声音

在这个色彩斑斓的世界中，形形色色的声音冲斥着我的耳畔，可在这纷乱的声音中，却有那么一个格外清晰的汽笛声，那么悠长，那么温柔。

我家的附近有一个火车站，每天都会有老旧的绿皮火车，慢慢悠悠地从窗外经过。我每每听到火车的鸣笛声，就会匆匆忙忙跑到窗前，满怀期待地向外望去。

小时候，妈妈因为是列车员，每一天都十分忙碌，连过年有时也回不了家。渴望妈妈陪伴的我只能在听到汽笛声时，满怀期待的寻找车上是否有妈妈的身影。若是看到妈妈，便会激动无比地向她打招手。若是没有，嘴上不说，心里却是黯然神伤。那时，悠长的汽笛声于我而言可是又爱又恨，既是带来妈妈归期的使者，又是破碎我梦境的魔鬼。

长大一些，我开始任性，不懂事的我常常吵着要妈妈一直陪在身边，妈妈却依旧因工作而无奈很忙碌，为此大吵大闹好几场的我也感

作文修改样例第 1 页

2. 抓住细节，设置梯度

学生学会描写、能确定文章的中心后，我便开始指导学

生围绕中心设置梯度。比如，在写《这样的声音》时，要求写同一内容——做操。先让学生自由设置梯度，然后大家讨论，定出三个梯度：第一个梯度，在天气晴朗、老师在现场的情况下，同学们怎么做操；第二个梯度，在天气寒冷的情况下自己怎么做操；第三个梯度，老师外出进修的情况下，同学们如何靠自律做好操。

3. 语言优美，情感丰富

美文多从改中来。在遣词造句方面，我要求学生多读一些美文并赏析——多比较，多归纳，多揣摩，多体会，一字一句都不轻易放过。唯有这样阅读，才能发掘文章的意蕴；也唯有这样阅读，才能养成用字造语的好习惯。另外，要求学生摘抄好词好句并尽可能背诵一部分，并尽量灵活应用到自己的文章中。同时还强调，每个梯度的扣题一定要情感丰富，富有文采，最好用上比喻、排比等修辞手法。慢慢地，学生便能够达到“养成修改自己作文的习惯，修改时能借助语感和语法修辞常识，做到文从字顺”的要求。

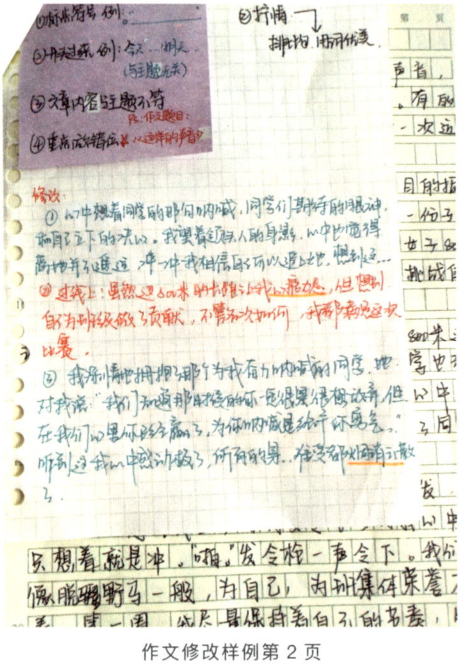

作文修改样例第 2 页

五、合——全方位整合，优化文章呈现

要实现一篇文章的全方位整合，在这篇文章基本成型后，就必须

训练学生打磨开头和结尾，并升华中心。

中考阅卷时，看一篇作文是不是扣题、有没有文采、够不够深刻、能不能思辨等，往往要先关注开头和结尾，所以写作不可忽视开头和结尾。

学生可以从各式各样的开篇技法练起，用不同种类的作文题目加以操练。例如，直奔主题式、起兴式、比喻式、排比式、名言警句式，等等。文章的结尾可以总结全文，进一步申明观点与认识；也可以运用短句，“卒章显其志”；也可以引用名言警句，概括全文；还可以运用比喻、排比，进行总结、引申。经过一段时间的训练，学生就会有比较好的感觉。

初中语文写作训练不是一蹴而就的，除了在课堂上进行有效训练，学生仍然需要一个较长的提高过程。“冰冻三尺，非一日之寒。”语文教师要付出大量心血和劳动才能收获学生的精彩。

一节初三英语复习课

任晓圆

下面，我简单介绍一节初三英语复习课。

一、授课背景

首先，介绍一下这节复习课的授课背景。在 2017 年下学期的四五月份，初三学子正处于紧张的复习中，上课大部分时间都在讲题、做题。在这个过程中，学生在英语完形、阅读中的易错点逐渐显现出来。在一次次分析考试得分情况的过程中情况我发现，学生完形填空的易错点主要集中在动词和形容词的选择上，而阅读理解的易错点集中在总结大意、词义辨析和推理判断上。

二、传统的完形、阅读复习课授课模式

了解到学生在这两种题型上的主要问题后，我开始思考如何有针对性地训练学生解决这些问题的能力。如果按照以往的上课方式，很可能就是逐一讲解在做完形填空或者阅读理解中出现的问题，并教给学生相应的做题技巧。这种授课方式在初中复习阶段已经实行了很多年，事实证明这种方式是行之有效的。但是，在授课过程中我发现，重复讲授的方式并不能使学生掌握得更理想，而且很花时间。那么是

否可以尝试一下更高效的授课模式呢？把学生出现的问题融合在一起进行有目的地讲解和分析，可以减少讲解次数和阅读篇数，学生的学习也将更有针对性。

另外，英语学科核心素养包括语言能力、学习能力、文化意识、思维品质。在以往阅读完形复习课中，老师们比较重视语言能力和学习能力，而认为文化意识和思维品质并不是复习阶段的主要内容。但是核心素养的形成并非只是初一、初二阶段的学习目标，而是贯穿整个英语学习的始终，所以我认为复习课也应该担负起培养学生的文化意识和思维品质的责任。因此，针对班级学情，我确定了这节课的教学总目标是着力培养英语学科的核心素养。

三、文本选择

实现教学总目标，文本的选择十分重要，既要能培养语言能力（尤其是完形、阅读所需的某些能力）、学习能力，又要能培养学生的文化品格（有现实意义）和思维品质（如批判性思维）。于是，我选择了一篇文本——2016 年北京市海淀区中考“二模”考试英语完形填空。文章难度适中，讲述了两个好朋友 Tina 和 Lily 在考试期间的一段经历。Lily 在考试时偷看手机，Tina 在“朋友和考试”之间做出了选择。

根据教学总目标和文本内容，我确定了这节课的教学方向：①在讲解完形填空的过程中提高学生对实词（尤其是形容词和动词）的把握能力，同时针对学生易错之处训练阅读技巧，培养学生的语言能力和学习能力；②引导处于中考期的学生树立正确的价值观和朋友观，培养学生的文化品格；③通过综合分析故事矛盾出现的原因以及寻找恰当的解决方法，培养学生的多种思维品质。

以下为具体教学目标：①理解故事的情节，准确描述故事的起因、经过和结果，并使用恰当的动词填空，使文章更完整；②基于故事情节，读懂并分析主人公 Tina 的态度转变，使用恰当的形容词描述 Tina 的感受，预测 Tina 接下来的态度，编写故事可能的结局；③基于对故事的理解和板书引导，能为文章选出适合的标题；④根据上下文，推断、理解生词含义；⑤基于对故事的理解，综合分析矛盾出现的原因并寻找解决方法，培养多种思维品质；⑥结合自身学习和生活经历进行反思，树立正确的价值观和朋友观，学习使用恰当的态度和方法面对问题。

如何实现具体的教学目标呢？这需要教学步骤的支撑，如图 1 所示。

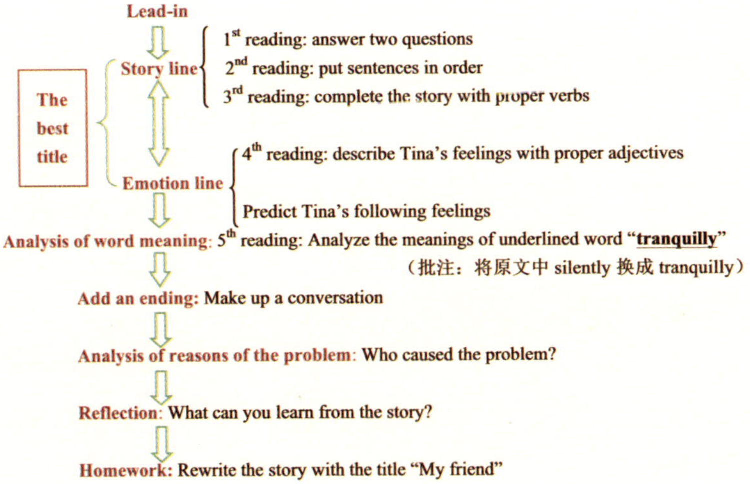

图 1：教学步骤

四、课程特色

这节课不再是单纯的完形课型或阅读课型，而是将完形和阅读融合在一起的混合课型。下面从宏观特色和微观特色两个方面分别来分析。

1. 宏观特色

①打破思维定式，改变以往复习课的模式，将完型与阅读融会贯通。这种课型比传统课型更加高效。只要文章合适，完全可以同时培养学生完形和阅读中所欠缺的某些能力，节省时间。

②结合学情，针对学生在阅读完形中的易错之处来培养学生的特定能力。不同学校、班级的学生学情各有不同，教师一定要结合自己学生的情况来设计课程，要用客观、可操作的数据来支撑，如调查问卷等，这样会更有针对性。之后，再根据学生的学情设计课程，输入的语言信息既不能过难，也不能过易。为了使学习者有所进步，向其输入的信息应稍微高于其目前水平。这有利于学习者对内容的吸收和理解。

2. 微观特色

①构建动词与形容词之间的联系。通过故事中的两条主线——故事线和情感线，将动词与形容词的训练结合起来，引导学生寻找两者之间的联系，形成脉络和规律。如何通过故事线和情感线将完形填空中的动词和形容词联系起来呢？用图像的形式直观呈现比较清晰（见图 2）。这条抛物线代表 Tina 的心情起伏以及故事的发展。动词短语代表 Lily 的行为，形容词代表 Tina 的感受：Lily 的行为是沿着 promised but not answered—held the phone—be told to the teacher—held the phone again—went out of the classroom—explained the reason to Tina 的过程而发展的，而 Tina 对 Lily 一系列行为产生的感受是沿着 angry/disappointed—surprised and angry when she saw Lily holding the phone—regretful to tell the teacher—regretful again when Lily was asked out—uncertain feeling after Lily explained the reason（之后会通过故事发展和情感赏析让学生推断Tina接下来的心情）的过程发展的，由此形成了两条主线（故事线和情感线），这两条主线融合在一起最后形成图2所示的这样一条曲线。通过这两条主线，学生就可以将故事中的动词和形容词联系起来，意识到人的动作会影响人的情感，两种词性之间存在关联性，从而在脑海中慢慢形成脉络，找到规律。

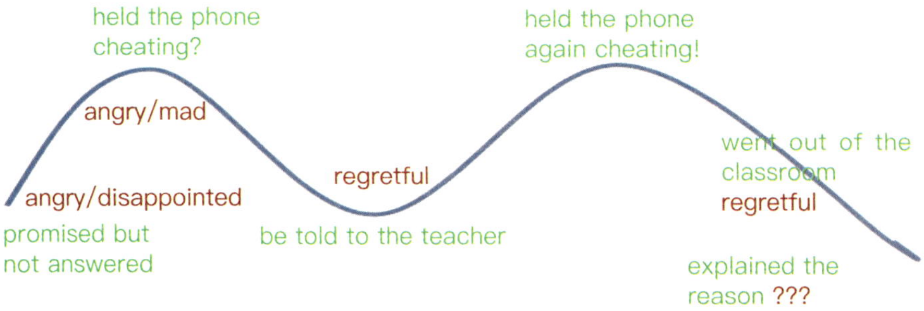

图2 故事与情感发展脉络图

②给学生直观呈现标题的生成过程。如何帮助学生直观理解标题的生成呢？也是通过图2这两条主线。首先，故事发生在两个朋友之间，所以标题中的“friends”是这样生成的。故事发生在两场考试中，因此可以得出“Exams”。主人公Tina需要做的就是在朋友和考试间做出选择。这就是题目“Friends or Exams”的生成过程。通过这样一个过程，让学生清晰地认识到标题的生成必须全面、客观。

五、反思

从这节复习课中，我有以下几点思考。

①教师要敢于打破思维定式，拓宽授课思路，不断思考并尝试更有效的教学模式。应结合学情，以培养学生学科核心素养为目标，将

有效的学习方法和授课模式呈现给学生，让学生真正有所收获。

②关注细节，在宏观把控下通过细节培养学科能力，形成学科素养。

③在授课过程中我发现，学生的口语能力有待提高。在本节复习课中，很多学生的思维水平已达到既定要求，却表达不清自己的观点。这一点教师需要特别注意。在日常英语教学中，教师要重视提高学生的语用能力，鼓励学生进行口语表达，注意他们的语音、语调，重视发展学生的语言能力。

④在学生就深层问题进行批判性思维时，他们的回答不仅思路清晰、分析到位，还能迸发很多意想不到的想法。这让我意识到，在课堂上教师应该相信自己的学生，给学生更多思考的机会和空间来表达他们的看法，同时对他们的回答予以肯定和表扬，给他们以成就感。

《汉武帝推进大一统格局》教学设计

陈　佳

在“基于标准的学习”理念指导下，我对《汉武帝推进大一统格局》这一课重新进行了教学设计。

一、指导思想

本课的教学设计，在“基于标准的学习”这一教学指导思想基础上进行，包括三个内容：①以“学生的学”为中心，将课标转化为清晰、适切、可操作的学习目标；②将“讲授式学习”转变为“探究式学习”，通过小组合作，培养学生的分析能力、归纳能力与探究能力，落实学科素养；③兼顾学生的心理认知特点，打造明快、轻松的课堂风格，提高学生对历史学习的兴趣。

二、教学目标

首先，我对课标进行了详细解读，并分析了该课在本单元和本册教材中的地位，及其与以往和将来知识、技能的联系。根据课程标准，本课要求学生“知道汉武帝巩固‘大一统’王朝”。我主要围绕三个关键词进行解读。①“汉武帝”，强调汉武帝统治初年的历史背景与汉武帝本人的性格特点，分析汉武帝巩固“大一统”的动因。②“巩固”，强调“大一统”的推进是一个历史过程。③“大一统”，强调“大一统”这一概念的内涵。该课在本单元和本册教材中的地位及其与以往和将来知识、技能的联系，我认为主要体现在“大一统”上，统一多民族国家的巩固与发展是中国古代史的发展脉络。通过学习本课，学生可以进一步理解“大一统”的内涵，同时把握学习中国古代史的一条线索。

其次，分析学情，主要有以下几点。①学生在学习过本单元前两课后，初步理解“大一统”的内涵。②小部分学生对汉武帝这一历史人物及与其相关的历史事件有所了解。③学生已初步掌握历史学习的基本方法，如文献分析、考古实证等。④从学生的心理与认知特点出发，初中阶段学生更期待历史课堂的趣味性。

相关海报

在对课标进行详细解读后，结合学情分析，我制定了教学目标。其中，知识层面的显性目标如下。①学生能够说出汉武帝统治初年所面临的问题：思想不统一、诸侯国对中央的威胁、皇权得不到认同、豪强垄断国家经济命脉。②学生能够列举汉武帝巩固“大一统”的五项措施：“罢黜百家、独尊儒术”“推恩令”、刺史制度、中外朝制、官营专卖垄断盐铁之利和严禁私铸货币。③学生能用自己的语言阐释“大一统”的内涵。在实现这一目标的过程中，教学重点为汉武帝巩固“大一统”的措施，教学难点为帮助学生理解“大一统”的内涵。此外，除了知识层面的显性目标外，还应在课堂上渗透隐性目标，我将其定为：学生能够学会用正面、积极的态度面对烦恼并采取有效的解决措施。

三、资源包、工具与脚手架

在教学资源的选择上，要尽可能丰富，有教科书、导学案、多媒体课件、视频等。作为重要的学习资源，导学案包含了我为学生提供的教科书上没有的丰富史料。这些史料图文并茂，包括考古学成果与文献史料等。在教学手段上，我调动学生的积极性，提高学生的参与度，利用多媒体、导学案等组织学生合作探究，并设置具有思辨性与挑战性的问题作为脚手架，利用思维导图作为工具，帮助学生深入学习。此外，板书作为学习工具的一种，在书写风格上，我努力做到既体现严谨的思维逻辑，呈现课堂知识架构，又明快活泼，以提高学生学习的效率与兴趣。

四、教学过程

我对本课的定位是以学生的自主、合作、探究为主，以教师的引导为辅。因此，教学过程主要围绕学生开展，共分为导入、新课学习与课堂总结三个环节。

1. 导入

老师播放有关汉武帝生平的视频，设问：汉武帝是一个什么样的皇帝?

学生分析汉武帝的性格特点，理解汉武帝加强中央集权的心理动机。

2. 新课学习

第一步，老师分发导学案，请学生阅读导学案，分析汉武帝即位初年所面临的烦恼。学生阅读导学案，分小组讨论回答问题。老师在学生总结的基础上进一步提炼将汉武帝即位初年面临的烦恼，概括为：思想不统一、诸侯国对中央的威胁、皇权得不到认同、豪强垄断国家经济命脉。书写板书，引导学生将本课的学习理解为汉武帝面临的烦恼与解决烦恼的办法，以便于学生理解。

第二步，进一步设问：汉武帝是怎么解决他所面临的这些烦恼的？学生阅读导学案，分小组讨论，对汉武帝所采取的措施进行归纳、总结。

老师对汉武帝加强中央集权的具体措施进行分项解读。在解读过程中，设置脚手架引导学生深入学习。比如，封国问题不解决就会威胁中央，可汉景帝削藩引起了“七国之乱”，那么究竟该不该削藩？“推恩令”是如何不费一兵一卒就解决了封国问题的？董仲舒的哪些主张得到了汉武帝的认可？

3. 课堂总结

继续提问：汉武帝所采取的措施究竟产生了什么影响？对西汉王朝的发展起到了什么作用？

学生分析每项措施的影响。老师协助学生归纳汉武帝为巩固“大一统”所采取的措施，并说出“大一统”的内涵。

老师：课堂升华，落实隐性学习目标，引导学生遇到烦恼时不要慌乱，要学会采取正面态度与正确措施解决。

五、教学评估

基于这样的合作探究课形式，以及学生应达到的学习目标，本着教、学、评一体的原则，我制定了以下评估手段：①学生能够以思维导图的形式表达汉武帝巩固“大一统”的背景、措施及影响；②能够以思维导图的形式归纳、总结秦至汉初“大一统”王朝的建立、巩固与发展的过程；③小组合作，围绕汉武帝的生平统治创作历史剧本。

六、教学反思

本课基于课程标准，辅以学科素养与考试说明，制定清晰、适切、可操作的学习目标；以目标作为引领，选择教学资源、工具与脚手架，确定教学方法，制定评估方案。

在教学目标的制定上，既有知识层面的显性目标，又有学生心理层面的隐性目标，这让课堂变为不仅是“教学”的课堂，更是“教育”的课堂。

以导学案作为主要学习资源，以锻炼学生分析与解读史料的能力；以问题作为推动课堂的齿轮，以培养学生的历史解释能力，落实学科素养；以小组合作提高学生课堂的参与度，强化学习兴趣。

课堂主题鲜明、目标明确，本课以汉武帝所面临的烦恼为“前因”，以解决烦恼为“后果”，使历史课堂联系生活，让历史变得“有温度”，让历史不再遥远，提高了学生对历史的学习兴趣。

在板书方面，汉武帝的烦恼用“哭脸”表情，解决烦恼的措施用“笑脸”表情，生动有趣，明快活泼，符合中学生的心理认知特点。

北京市近三年高考作文特点剖析及应对策略

孟显香

北京高考语文自主命题以来，作文的“镣铐”越来越少，越来越注重引导学生关注身边事，使作文言之有物。仔细分析会发现，北京近三年高考作文主要呈现出以下几个特点。

北京近三年高考作文特点剖析

明确了北京近三年高考作文的命题特点后，就可以寻找应对策略了。为了更好地完成高考作文，我认为应该引导学生从以下几个方面做出调整和努力（以 2018 年北京高考作文应对策略为例）。

一、准确把握文体特征

学生在平时的写作训练过程中，要明确文体的特征，尤其是近几年一直明确考查的记叙文和议论文。

2018 年北京高考作文应对策略 1

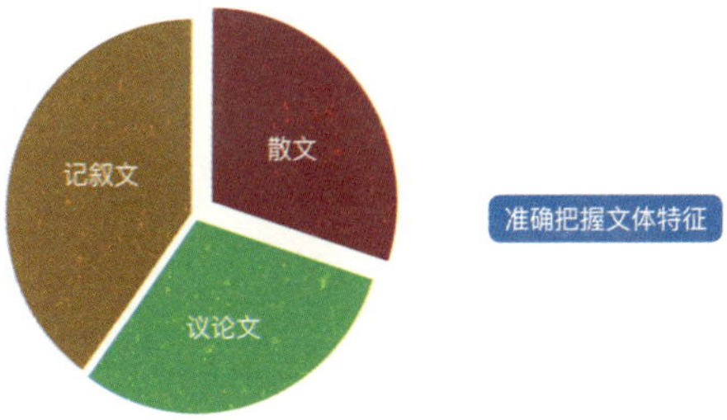

我们常说的记叙文，有狭义和广义之说。狭义的记叙文主要指写人、记事两类文本；广义的记叙文在此基础之上，还包括叙述性文学作品，如叙事散文、小说、剧本等。简单说，记叙文的内容以写人、记事、写景、状物为主；表达方式以叙述、描写为主。一般情况下，北京高考作文的记叙文写作都会要求“有叙述，有描写”，那些以议论、说明为主或以说理、评论为核心的文章都不是记叙文。

所谓议论文，就是以议论和说理为主，通过摆事实、讲道理来表达作者的观点和主张。它不同于记叙文以形象、生动的记叙间接表达作者的思想情感，也不同于说明文侧重介绍或解释事物的形状、性质、成因、功能等。北京高考议论文的写作一般要求“观点明确，论据充分，论证合理”，那些以记事或抒情为主的文章显然也不能列入议论文之列。

要准确把握记叙文和议论文的文体特征，尤其要注意它们与散文的区别。首先需要明确的一点是，记叙文、议论文和散文的分类依据的是不同的标准：议论文、记叙文和说明文是根据表达方式的不同划分的，散文、小说、诗歌和戏剧则是根据文本的外在形态划分的。简单地说，前者更像文章体裁，后者更像文学体裁。记叙文和散文有重合的部分，叙事散文也可以算作广义上的记叙文，单纯抒情的散文不能归入记叙文；同样，从广义上来看，说理散文也可以算作议论文，抒情散文则不属于议论文的范畴。

二、准确把握时代脉搏

当代的中学生要有时代意识，更要有鲜活的思考；既要从个人层面，又要从国家层面去思考社会的热点问题，学会跟大时代对话。写作 2017 年的北京高考作文需要有这种意识，写作 2017 年全国卷 I

的作文同样也需要这种意识。北京卷作文给出了若干个“中国关键词”：“一带一路”、大熊猫、广场舞、中华美食、长城、共享单车、京剧、空气污染、美丽乡村、食品安全、高铁、移动支付等。这些关键词都是中国现阶段的缩影和表征，它们之间既存在着丰富的张力和层叠的思辨空间，又共同构成了多样而立体的中国。具备宏观论述能力的考生，可以选“一带一路”“高铁”等体现中国政治影响及科技、经济成就的热词；表达能力一般的考生，则可以选“空气污染”“食品安全”“移动支付”等身边事，这充分体现了对学生时代意识的考查。

2018 年北京高考作文应对策略 2

需要注意的是，无论写科技中国、美丽中国，还是写可爱中国、发展中国，都不能只喊口号，泛泛而谈，必须有真切的感受，写出自己的态度。也就是说，主体意识“我”的存在非常重要。“我”是国家的一分子，要怀着充分的民族自信和民族自豪感“读懂”时代和中国。

在当今时代，“两耳不闻窗外事，一心只读圣贤书”这种闭门造车式的写作已无法技高一筹。教师应该引导学生跃入时代洪流，感受时代的发展与跳动，用较高的站位、开放的眼光来审视周围的世界。这对学生个人情怀和担当的培养，也是极为重要的。

三、注重培养想象力

2018 年北京高考作文应对策略 3

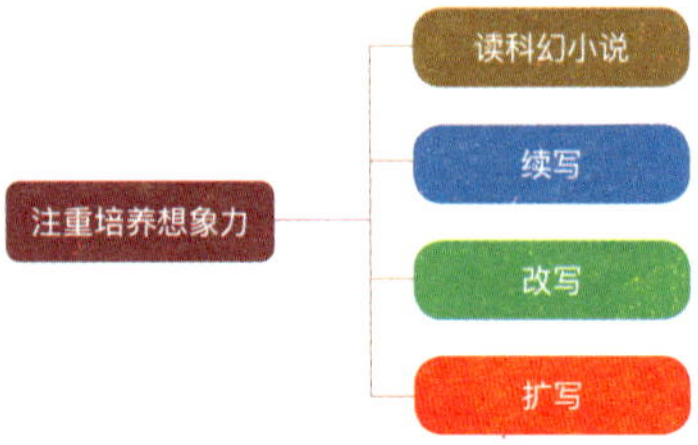

未来世界，是一个需要想象力的世界，有想象力才会有创新。近三年北京高考想象类作文的考查，旨在通过想象和丰富、自由、大胆的联想，使学生的写作思路变得更开阔，从而让学生的作文更有创新性，更富有个性。

近年来，科幻小说日渐风靡，读科幻小说是一种很好的培养学生想象力的方式。学生通过读科幻小说，在空间维度上，可以突破自己活动的小范围，进入一个更为广阔的天地；在时间维度上，既可以穿越到过去，也可以置身于未来。当学生的阅读达到一定量的时候，就能够由眼前的一个点发散开去，使自己的想象不仅广阔，而且合理。这样，学生在面对想象类作文题时才不会茫然失措。

除了读科幻小说，续写、改写和扩写也是培养学生想象力的有效途径。

续写是承接前文给出的情节，根据上文提供的线索，按照原文的文体特点，展开想象写成文章。具体操作时可以选择两种形式进行续写训练。第一，续写结局。我们可以为学生提供一个有前情但结尾不明的文章，或是选取一个学生不熟悉的文章隐去结局，让学生去续写。第二，猜读续写。就是选择隐藏微小说的情节发展的高潮处或是人物命运的关键处，使选文留有“空白”并让学生进行补充。学生要根据所给文章片段来重新组织情节线索，这样可以锻炼学生的想象能力和思维能力。在这些关键地方留白，更能激发学生的写作欲望、提升学生的写作兴趣。

改写是发挥想象，改变原文的情节、体裁、叙述角度等，使原文“脱胎换骨”成为一篇“新”文章。针对高中生的特点，改写训练也可以采用两种方式。第一，文体改写。要改写文章体裁，学生就必须对文章的写法和表达方式做出调整，并且要发挥想象补充更详细的内容。例如，让学生发挥想象将司马迁《鸿门宴》这篇课文改写为课本剧，用戏剧的形式还原鸿门宴上项羽和刘邦之间尔虞我诈、惊心动魄的交锋，改编完还可以请学生表演出来。第二，视角改写。学生在进行改变叙述视角的训练时，可以根据不同视角的不同叙述特点，发挥想象，重新调整文章结构，补充内容，完整叙事。

扩写是通过合理的想象对原文进行补充、扩展的一种写作形式，它能使原文内容变得更加丰富、生动。对高中生，我们可以让他们进行古诗词或古文的扩写训练。古诗词或古文用词凝练、词约义丰，讲究“留白”，可为学生提供广阔的想象空间。比如，在学习《孔雀东南飞》时，可以让学生针对诗中的故事情节进行扩写，添加一些细节描写和情节，将原诗扩充成一篇小说，使故事情节变得更为曲折，使人物性格变得更为鲜明。

四、把握高考考场作文要义

作文是写作的一部分，高考考场作文就是作文的一部分。换句话说，高考考场作文是有它自身特点的。学生只有把握了考场作文的要义，才能在考场上应对自如。

2018 年北京高考作文应对策略 4

首先，要进行限时训练，并保证篇幅。高考考场作文要求在限定时间内完成一篇作文，而且这个限定时间受制于前面题目的耗时，所以常常会出现学生完不成作文的情况。作文一旦出现残文（不够 450 字），丢掉的分数可能就是十几二十分。因此，在平时训练的时候，我们就要严格给学生限时，不能让学生养成在限定时间内写不完、课下再去完成的习惯，不然学生在考场上也很难重视作文时间的安排。

其次，应提前构思，以便在写作的过程中做到有纲可循。高考考场作文的构思可以从试卷发下来、学生看到作文题目的那一刻就开始，因为有时在做前面的题目时，可能就会积累一些作文的想法。在正式开始写作文前，应先列出一个提纲，这样在成文的过程中就不会乱写，以避免想到哪儿写到哪儿、思维混乱的情况。

再次，要心中有标准，有保二类文争一类文的信念。做任何事情，如果事先连规则都不清楚，肯定是没法做好的。所以，对高考作文的评价标准，不仅教师要烂熟于心，学生也应该心中有数。只有明确了标准，学生才能努力地向二类文或一类文靠近。

最后，要养成卷面整洁、书写规范的意识。要做到这一点，练字是非常重要的，应当贯穿学生语文学习的始终。阅过学生作文的老师都会有深切的感受，当面对一篇卷面整洁、书写规范的学生作文时，会有一种天然的好感，无形当中印象分就高了几分；反之，当一篇字迹潦草、错别字频现的作文摆在阅卷老师面前时，无形当中印象分就低了几分。所以，对学生作文的书写和卷面的要求应当一以贯之。

北京市高考理科综合生物部分第29题解题分析

裴丽丽

2017年高考北京卷生物学科满分是80分，卷面中有选择题5小题、非选择题3小题，总共8道题。受题量的限制，考查的侧重点非常清晰。以近三年的考题为例分析：选择题的考查重点内容为细胞的结构与功能、细胞代谢、生命活动的调节、实验、生态、生物进化等。第29题为实验探究题，考查内容主要为：植物激素调节、动物激素调节、神经调节、免疫调节、植物代谢等。第30题侧重遗传，涉及基因的本质与功能、细胞分裂、基因工程、遗传规律、变异与育种等知识。第31题为综合题，主要考查发酵工程、细胞工程、无菌技术、神经调节、免疫、细胞代谢等。

这8道题契合"一体四层四翼"高考评价体系，注重对生物学科能力的全面考查，包括理解能力、实验与探究能力、获取信息的能力和综合应用能力。理解能力重点考查学生对生物学问题进行解释、推理、做出合理判断，应用生物学知识解决问题的能力。2017年高考北京卷生物《考试说明》中对实验与探究能力的考查要求第3条是"具有对一些生物学问题进行初步探究的能力"，第4条是"能对一些简单的实验方案做出恰当的评价和修订"。2017年高考北京卷生物第29题考查了实验设计、实验分析、实验方案评价以及完善。这要求学生像研究者一样去思考、学习科学研究的一系列方法。

下面以近年高考和海淀区“一模”生物试题第 29 题为例，简要谈一谈解题思路和策略。第 29 题为实验探究题，将科学探究与学科思维和素养、实践与应用、基础与创新有机结合，考查生命科学研究背后的思想和方法，生物学科特色鲜明，可以按以下几个思路去分析和答题。

第一步：基础知识再现

第一小问一般主要考查学科的基础知识，要求学生通过对前后句的推敲，对所学知识进行再现和提取，在备考复习时需对基础知识认真梳理、夯实基础。例如，2017 年北京高考题第 29 题第 1 小题便是如此。

> 29.（2017 北京高考题）
>
> 学习、记忆是动物适应环境、使个体得到发展的重要功能。通过电刺激实验，发现学习、记忆功能与高等动物的海马脑区（H 区）密切相关。
>
> (1) 在小鼠 H 区的传入纤维上施加单次强刺激，传入纤维末梢释放的神经递质作用于突触后膜的相关受体，突触后膜出现一个膜电位变化。

第二步：对照组分析

进行科学实验，必然涉及对照组和实验组的设置，这需要学生充分理解实验的单一变量、科学性原则、可重复原则的内涵，了解空白对照、相互对照、条件对照、阳性对照、阴性对照、安慰剂对照等对照种类，学会根据题目情境及实验要求找到单一变量，恰当设置对照组。例如，2016 年海淀区“一模”试题第 29 题第 2 小题便是如此。

29.（2016 年海淀一模）科研人员利用 B、L 两个品系的大鼠进行肝移植实验，统计手术后的大鼠生存率，得到图 1 所示实验结果（移植关系用“供体→受体”表示）。

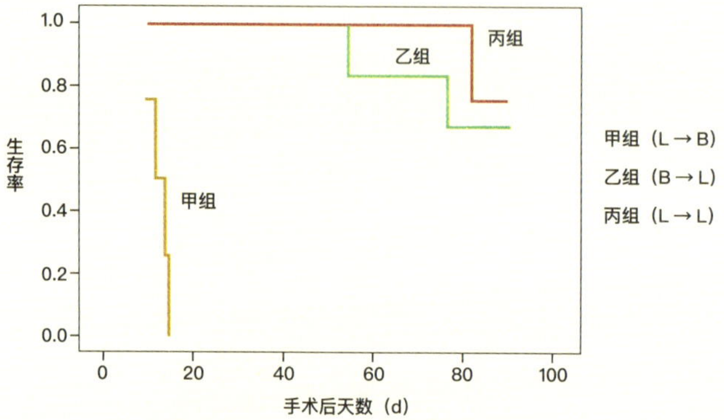

图 1

(1) 在不同品系的大鼠间移植肝脏时，供体肝作为________会诱导受体大鼠产生________细胞，大量裂解供体肝细胞，产生免疫排斥反应，导致受体大鼠死亡。而有些大鼠上述反应不明显，出现“免疫耐受”。

(2) 移植后，三天内死亡的大鼠不计入生存率统计范围，以排除________操作对实验结果的影响。

第三步：看图说话

2017 年高考北京卷生物《考试说明》中对理解能力的要求第 2 条是“能用文字、图表以及数学方式等多种表达形式准确地描述生物学方面的内容”。第 29 题中实验结果大都是以图表的形式呈现，有柱形图、曲线图、电泳图谱等，要求学生学会分析图表的变化趋势和规律，合理推测某物质功能。生物图表既可考查学生的基础知识、基本技能，又可考查学生的学科能力。例如，2017 年海淀区“一模”试题第 29 题第 2、3 小题便是如此。

29.（2017 年海淀一模）独脚金内酯是近年新发现的一类植物激素。为了研究独脚金内酯类似物 GR24 对侧枝生长发育的影响，科研人员进行了实验。

（2）科研人员用 GR24 处理拟南芥的野生型和突变体植株，结果如图 1。据实验结果推测，GR24 的作用是________侧枝产生，突变体植株可能出现了独脚金内酯________（填“合成”或“信息传递”）缺陷。

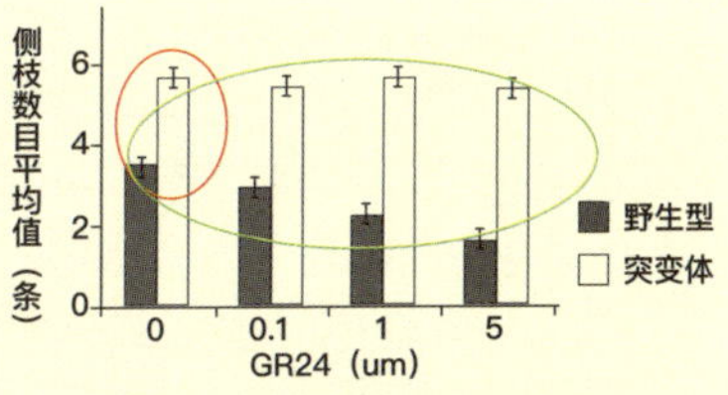

图 1

（3）为了进一步研究 GR24 的作用机理，科研人员用野生型植株进行了图 2 所示实验，结果如图 3。

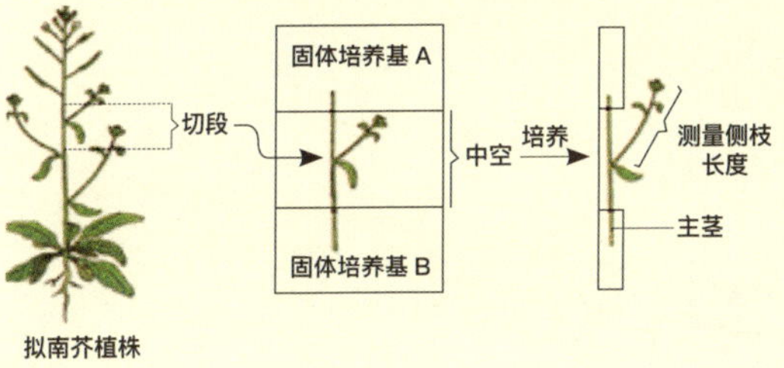

图 2

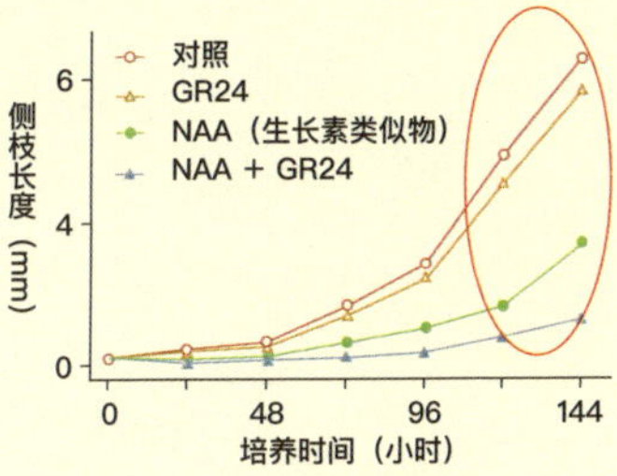

图 3

……

②进行实验处理时，NAA 应加入固体培养基________（填“A”或“B”）中。

③据图分析，GR24 对侧枝生长________，推测 GR24 的作用机理是________。

第四步：理顺关系

理顺关系，即理清题干涉及的几个关键词之间的相互关系。图表创设了新情境、提供了新材料，对能力的要求进一步提高，如知识迁移能力，收集、整理数据的能力，比较、判断、推理、分析、综合等思维能力。解题时需认真思考图表的变化趋势和走向，推敲题种部分之间的因果和层级关系。例如，2017 年北京高考题第 29 题第 2 小题便是如此。

29．（2017 年北京高考题）

学习、记忆是动物适应环境、使个体得到发展的重要功能。通过电刺激实验，发现学习、记忆功能与高等动物的海马脑区（H 区）密切相关。

(1) 在小鼠 H 区的传入纤维上施加单次强刺激，传入纤维末梢释放的____作用于突触后膜的相关受体，突触后膜出现一个膜电位变化。

(2) 如果在 H 区的传入纤维上施加 100 次 / 秒、持续 1 秒的强刺激（HFS），在刺激后几小时之内，只要再施加单次强刺激，突触后膜的电位变化都会比未受过 HFS 处理时高 2 ~ 3 倍，研究者认为是 HFS 使 H 区神经细胞产生了“记忆”。下图为这一现象可能的机制。

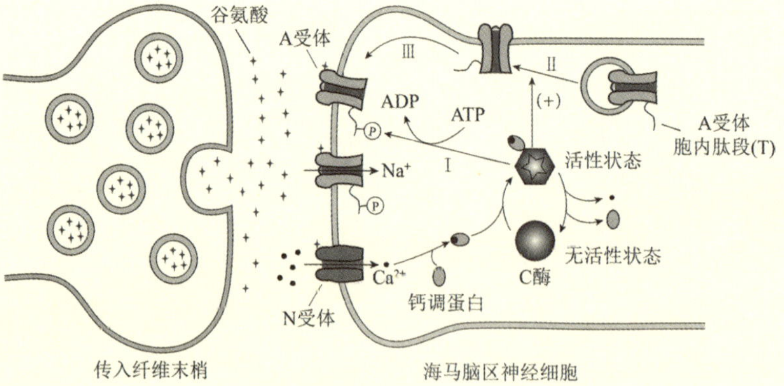

如图所示，突触后膜上的 N 受体被激活后，Ca2+ 会以____方式进入胞内。Ca^{2+} 与____共同作用，使 C 酶的____发生改变，C 酶被激活。

第五步：实验方案补充完善

2016 年、2017 年北京市生物高考题都涉及对实验方案的补充和完善，突出了对学生思辨和创新思维能力的考查。在日常教学中，教师可以通过参观大学生物实验室、开展研究性学习、社会大课堂等活动，让学生体验科学家的工作环境并学习科学研究的方法。例如，2017 年北京高考题第 29 题第 3 小题最后一空便是如此。

29.（2017 年北京高考题）

（3）为验证图中所示机制，研究者开展了大量工作，如：

① 对小鼠 H 区传入纤维施以 HFS，休息 30 分钟后，检测到 H 区神经细胞的 A 受体总量无明显变化，而细胞膜上的 A 受体数量明显增加。该结果为图中的____（填图中序号）过程提供了实验证据。

② 图中 A 受体胞内肽段（T）被 C 酶磷酸化后，A 受体活性增强。为证实 A 受体的磷酸化位点位于 T 上，需将一种短肽导入 H 区神经细胞内，以干扰 C 酶对 T 的磷酸化。其中，实验组和对照组所用短肽分别应与 T 的氨基酸____。

A．数目不同序列不同

B．数目相同序列相反

C．数目相同序列相同

③ 为验证 T 的磷酸化能增强神经细胞对刺激的“记忆”这一假设，将 T 的磷酸化位点发生突变的一组小鼠，用 HFS 处理 H 区传入纤维，30 分钟后检测 H 区神经细胞突触后膜 A 受体能否磷酸化。请评价该实验方案并加以完善________。

成就最好的自己

用学生喜爱的语言出试卷

魏添君

年级每次小测的顺序都是语文、数学、英语、物理、化学。到做化学时，学生通常都相当劳累了。于是，我就用比较幽默、搞笑的语言出了一次试卷，希望能改变学生做题时的心情。

下面就简单地介绍一下。

试卷采用了大量网络流行语，甚至一些很夸张的语言。例如，有一道选择题是这样的："小明在上课的时候闻到了一股臭味，他大喊：'什么东西着火了？'同时，发现同学们都在闻味道，后来，在众人的努力下，这种具有臭鸡蛋气味的气体的味道渐渐消失了，请问：这种气体是什么？"

串起整个试卷的就是一个故事，讲述了几个好朋友钠仔（Na）、美镁（Mg）、吕铝（Al）、高铁（Fe）、童铜（Cu）、小金刚（C）、金大帅（Au）、氮蛋（N_2）、二硫子（S）还有小明去KTV唱歌，他们点的歌是《化学版青花瓷》。两位同学唱歌含糊不清，需要学生将没有唱清楚的地方补充完整："……当溶液呈________色因为铁三价，________色二价亚铁把人迷……在苯中的碘分子________色多美丽。"

试卷还设置了书写离子反应方程式："铜离子遇氢氧根再也不分

离"；陌生反应方程式"电石偷偷去游泳生成乙炔气（C_2H_2）"、能量变化"点燃后变乙炔焰高温几千几"和仪器操作等题目"就为萃取埋下了伏笔"。

第二首歌曲，选用的是《化学版王妃》。采取的方式是挖掘其中有价值的化学信息，让一位"闷骚"的大叔唱出来，题目就是让学生来帮助他来解读他的内心独白——"砹！钛！镁！"

太可怕了砹啊！据我所知，砹（At）是原子序数最大的卤族元素，我推测砹和砹的化合物最不可能具有的性质是____________。

太可怕了钛（Ti）和镁啊！据我所知，钛合金以其优越的性能被誉为第四代金属，工业上在高温和稀有气体的保护下，用镁和四氯化钛发生置换反应来制取钛，该反应的化学方程式为____________。

唱完KTV后，大家打算去洗浴中心洗个澡。这张试卷刚好是与金属有关的诊断试题，金属和水的反应是不能忽视的。因此，我改编、整合了一下网上的爆笑化学试卷和网络段子，将试题出成了这样：

到了洗浴中心，钠仔（Na）看到吕铝（Al）、高铁（Fe）在冷水中游来游去很惬意，也想试试，但是被高铁劝阻。钠仔很不满意，趁着大家不注意的时候一下跃入水中，结果在水面上快速地游来游去、边游边叫就不见了踪影。看到这个场景，高铁感慨道："活泼，就是这么任性！"请你写出钠仔进入水中发生的离子反应方程式____________。……吕铝一看吓了一跳，说："这也太逗了吧！不过我听说用氢氧化钠可以洗去我身上的污垢，我想试试。"说着，吕铝往身上涂抹着氢氧化钠皂，紧接着感觉皮肤不适，开始冒出大量气泡，高铁和童铜下去捞了半天也没找到，请你写出该反应方程式____________。高铁说："瞧你们那熊样，看来我只能洗高温水蒸气桑拿了。”结果高铁越洗越黑，感觉自己萌萌哒，后来就变成了一堆粉末，请你写出高铁这辈子被黑的最彻底的反应方程式__________。

通过上述故事我们得到了几个体会：①不作死就不会死；②不懂化学真可怕；③洗澡容易，生存不易，且洗且珍惜。那么问题来了：上面金属活性哪家强，从大到小排成行：____________。

其实，这个故事的实际目的就是要求学生写反应方程式。通过融合网络语言，将这些题目设置成了幽默、搞笑的段子，结果学生觉得很有意思。

试卷的下一个题目中，小明同学偷偷地看这些已经“消失”了的同学的情书。灵感来自网络上流行的各学科的三行情书。

氮蛋（N_2）对氧气说：“只有你对我放电 / 我才会对你 / 一见钟情。”

水对二氧化氮说：“我对你全心全意 / 你却对我 / 三心二意。”

请你书写一封化学情书给你爱的人：____________

这是一道“开放试题”，让学生按照自己的想法书写一个化学版的三行情书。

这次小测验，效果很好，学生觉得特别有意思，认为将枯燥的化学反应方程式考试考出了看喜剧的感觉。

数学“玩儿起来”

余超芝　王雅迪　张　洁

当你看到“数学”两个字的时候，想到的词是什么？——公式？计算？枯燥？……不！初二年级的数学课程充满了趣味，学生在玩儿中学，在学中玩儿。来吧！和我们一起在数学的海洋中“玩儿起来”！

初二年级的三位数学老师可以说是“黄金搭档”。余超芝老师经验丰富，对年轻教师耐心指导；王雅迪和张洁老师年轻、有活力，有创意。我们三位老师一年来开展了很多数学学科活动，目的是让孩子在学习数学时能够获得更多自信，能够爱上数学。

下面，主要讲一讲这一学期我们组织的三个有代表性的活动。

一、“玩儿转数学”

“玩儿转数学”活动从初二年级开始。优秀的学生不是教出来的，而是表扬、鼓励出来的。我们都希望学生在活动中获得自信，并且提高学习数学的兴趣。

活动刚开始时，由于学生的基础知识比较薄弱，所以进行得不是很顺利，并没有达到预期效果。为了使所有学生都参与进来，我们在题目上进行了分层、分类，给学生选择的空间。渐渐地，学生被这项活动吸引了。每次活动结束后，都会有许多学生追着我们询问成绩，跟自己比，跟同学比；家长也都积极参与进来，在微信群里询问孩子的成绩，这大大调动了学生学习数学的兴趣。

年级中有一位男同学，此前一上数学课就趴在桌子上睡觉，我私下询问过他为什么上课总是这种状态，该男同学说，从上小学四年级时就觉得自己不会数学，也没有兴趣，所以测试成绩一直是个位数。这学期开展了“玩儿转数学”活动后，他每次都能取得三四十分。相对其他同学来说分数仍然很低，但对他来说确实提高了不少，而且他学起数学来也更有自信了，自习课上有时还会来办公室问我问题，让我单独给他出试卷。有一次活动前，他对我说：“老师，这周的‘玩儿转数学’我能不能测试‘整式的乘法’这一部分内容，最近这一部分我复习得挺好的。”我很高兴地答应了，并且马上给他单独出了一份试卷。孩子拿到题后认真地写起来，这次测试他取得了满分。他很兴奋，连蹦带跳地跑出了办公室。

这项活动不仅提高了孩子的成绩，更重要的是让孩子喜欢上了数学，增强了学习数学的信心。

每次活动我们都有记录，每个月我们都进行总结，制作表彰榜，颁发奖状和奖品鼓励学生。看到学生全神贯注地关注表彰榜上自己的名字，看到学生拿到奖状、奖品后开心的笑脸，看到家长对我们这项活动的关注与支持，我们觉得再累、再辛苦都是值得的。

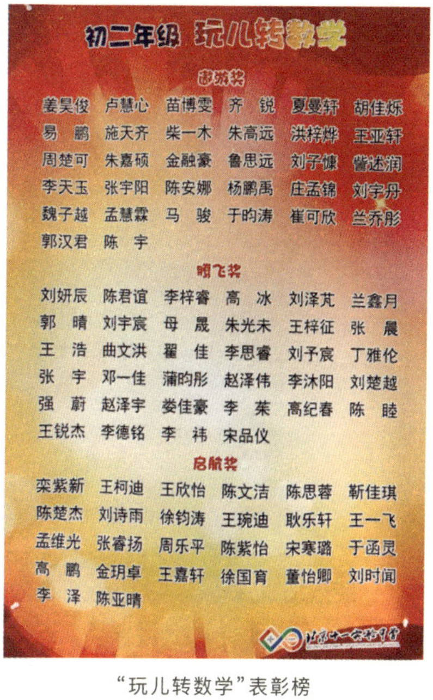

“玩儿转数学”表彰榜

二、援助课程和提高课程

随着知识难度的加大和学生进入青春期、叛逆期，初二数学学习两极分化的情况变得更加明显了。有的学生在初一时上课还能跟着老师听，但初二明显跟不上了，也失去了学习的信心，甚至在课上睡觉。看到这种状况我们很着急，于是针对基础较为薄弱的学生，我们每周开展1—2次援助课程，目的是让这些学生首先不惧怕学习数学，并且感受到生活中处处充满数学，然后针对每一位学生制定他们的专属课程，从而提高数学成绩。例如，第一节课时我们在校园中寻找几何图形，比如直线、圆、四边形等。学生兴致非常高，找到了许多图形。一节课下来，学生发现数学就在身边。

对基础较好的学生，老师也很纠结，因为大部分学生都在课外报了辅导班，提前学习了课上要讲的内容。按理说，相同的知识学两遍，成绩应该会更好，但实际效果并不理想。我们总结了原因，课外辅导班讲得很快，学生处于似懂非懂的状态。当学校里的老师讲第二遍时，很多学生会觉得已经学过了，就不再认真听讲。针对这一现状，我们开设了提高课程，让成绩好的学生变为小老师，为同学讲解有难度的题目。这样既解决了上述问题，又锻炼了学生的能力并提高了自信心，还带动了全班同学一起学习。

宋品仪同学变身小老师讲题

崔可欣同学在课上讲几何题

三、作业打卡

初二的暑假对学生来说是至关重要的，开学后学生就要步入紧张的初三生活。如果在这个假期中孩子过于放松，初三开学后就会很难适应紧张的学习生活。所以，在放假前，我们将初一、初二所学的知识点整理出来，出成试卷，再将试卷答案发给家长，以便学生及时改错。作业我们分层、分类细化到每一天、每一位学生。为了让学生每天都能及时解决问题，我们实行了作业打卡制度。学生微信打卡，老师及时解决学生不会的问题并给予鼓励。实行这种方法后，学生的学习劲头变得更足了。不少学生比着学。这样既解决了学生以往堆在一起写作业的问题，又激发了学生的兴趣，更拉近了师生距离。同时，我们也能随时与家长沟通，一起鼓励、帮助学生。家长也很认同这种做法，有的每天按时打卡，有的给孩子写下评语进行鼓励，有的和孩子一起学习，把每天的错题记录下来反馈给我们。有了家长这样的好助手，学生对学习数学也更加重视。下面是学生假期给我们发的一些私信。

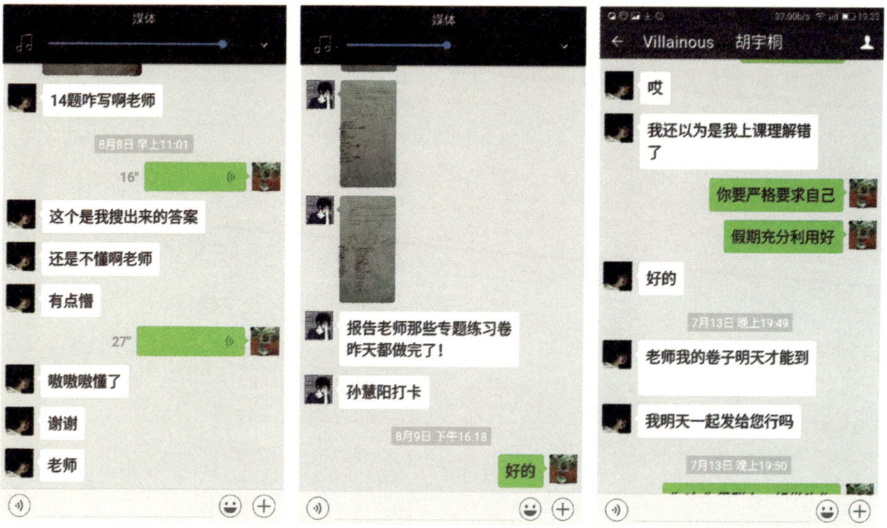

暑假作业打卡截图

学生对我们的信任、理解便是我们前进的动力。

除了这三项活动，我们还开展了很多其他活动，不管活动形式如何改变，我们的目的都是希望孩子能在这一年中增强自信心并且学会选择、学会学习。

提高学习积极性的五点做法

张 洁

有些孩子视学习为负担，把学习看作痛苦的事情，一看书就犯困，一学习就焦虑。

孔子说："知之者不如好之者，好之者不如乐之者。"这说明兴趣是一种特殊的意识倾向，是学习的情感动力，是求知欲的源泉。因此，在教学中我们不但要教给学生知识，而且要使学生会学习、爱学习。

一、设计有挑战性的学科活动

1. 分层设计题目

传统的周测周而复始，对此学生已经麻木。单一的试题一方面让部分学生觉得缺乏挑战，另一方面让部分学生觉得遥不可及。为了让学生找到学习数学的感觉，让所有学生都参与进来，我们在题目设计上进行了分层处理，分为 A、B、C 三个层次，给学生提供选择的空间，甚至提供个别定制。

2. 学生尝试命制试卷

以前，每到复习知识点时我都会发愁，不知道学生是否认真复习了，是否掌握了。我也尝试过让学生画结构图，但效果都不够好。渐渐地，我发现“人人好为人师，人人都希望具有决定权”，于是我开始尝试让学生挑战老师这一角色。每到复习的时候，我会给出一份试卷结构图，让每一位学生命制一份试卷。这样做既能让他们体会出题的乐趣，又能让他们在覆盖知识点找题的过程中进行系统复习。同学之间再互相交换试卷作答、批改，这就对知识点进行了再次温习。最后，我们还会评选出几位“最佳小老师”。挑战做老师，让学生爱上了复习课，成功调动了学生复习的积极性，提高了复习效率。

3. 提问接龙

有时候，面对课堂气氛沉闷、学生注意力不够集中的情况，我会针对本节课的知识进行问答接龙。前一名学生准确回答对一个问题后，可以自编一道新题目并点名下一位作答的同学。看似简单的活动其实对学生来说还是很有挑战的。首先，他们先要对知识点进行较好的掌握才能正确回答。其次，要有灵活应用、举一反三的能力，才能编出有水平的新题目。自从开展了这一活动后，学生上课时变得更加专注了，也常常能主动思考，因为他们都不希望被其他同学问住，并且希望难住别人。这样，学生不但学习了知识，还增强了学习兴趣。

二、树立合理目标，创立学习动机

1. 确定个人目标，制定学习方案

很多学生缺乏正确的学习目标，学习很被动，对学习感到乏味。于是，我尝试引导学生确定个人目标。学生一开始时并不知道如何去做规划，我便给他们每人做了一个“成长记录单”。

成长记录单

①写出自己的中考目标（学生填写）。

②近期目标：月考、期中考试、期末考试各个学科目标（学生填写）。

③学习情况折线图（教师填写）。

④学习建议（教师填写）。

⑤教师寄语（教师填写）。

当收到属于自己的成长记录表时，学生先是惊讶、感动，然后都暗暗下决心，要制定一份属于自己的学习方案，并好好执行。慢慢地，学生可以根据自己的实际情况制订学习计划了。比如，每天背诵几遍课文，做几道数学题，自习课的时间用来做什么，什么时候找老师答疑，等等。有了明确的目标和好的学习规划，学习动机明确了，学生学习的兴趣就会大幅提高。

2. 开展“我要挑战你”活动

在班里，我们开展了“我要挑战你”活动。首先，寻找挑战目标。根据实际情况，学生确定自己要挑战的同学，立下战书。其次，认真学习，努力修炼，在每次活动中进行挑战。举办这个活动的目的是想让学生学会制定目标，培养竞争意识和危机意识——挑战者要努力去竞争，而被挑战者也会有危机感，从而更加努力。最后，表彰获胜者。看得出来，学生很开心，也很有兴趣，也有了学习的动力。

三、尊重差异，实施分层，开展积极评价，让学生体会成功

学生的个体差异表现为认识方式与思维策略的不同，以及认知水平与学习能力的差异。教师要及时了解并尊重学生的个体差异。我们根据学科特点将数学分为两到三个层次，让学生根据自己的情况进行

选择。只有在适合的环境中，学生才会大胆发表见解，展示个性。对有困难的学生，更要给予关照与帮助，鼓励他们主动参与数学活动，尝试用自己的方式去解决问题，发表看法。

比如，在我所教的数学Ⅰ中，有一名学生一上数学课就趴着，对学习缺乏兴趣，可分层后就像换了一个人，上课时积极呼应老师，主动表达想法，学习兴趣也越来越浓。沟通后我了解到，分层后因为大家水平都差不多，他不再觉得老师讲的知识是他所够不着的，于是努力去学习。另外，分层后我能够更多地关注他并及时肯定他的进步，出现错误时耐心地引导他分析原因，并鼓励他去改正。渐渐地，他变得越来越自信，学习数学的兴趣也越来越浓了。

四、联系生活实际，增强趣味性

兴趣是最好的老师。只有学生对学习的资料感兴趣，才会产生强烈的求知欲望，才会调动各种感官，用心、主动地参与教学过程。因此，在教学中，我尝试根据学生的生活经验，创设学生感到亲切的情境。比如，在讲黄金分割比时，我让学生通过测量、计算，看看自己的身材是否符合黄金分割。如果不是，如何能让自己看起来更完美呢？女生就想到了穿高跟鞋，我又让她们算出自己穿多高的高跟鞋才符合黄金分割比。学生对此非常感兴趣，积极性特别高，一节课下来不仅学会了知识，更发觉日常生活中充满了数学问题，对数学知识感到亲切、可信，从而产生学习的兴趣。

为了让学生充分体会日常生活离不开数学，并且在解决这些数学问题的过程中更深入地体会数学思想、数学方法，我还设计了一些开放性实践作业，让学生用数学去解决问题。例如，在学习用相似三角形测量物体的高度时，我就给学生分小组布置作业——测量操场旗杆的高度。学生利用所学知识，想到了利用影子、利用照片等方式测量，我就引导学生思考、比较这些测量方法的优缺点。要让学生体会到，生活中的问题多想一点就是数学，数学真的无处不在。这种实践性作业可以培养学生将数学应用到生活中的习惯，而应用所带来的成就感可以提高学生学习数学的兴趣，进而使他们更愿意探究新的数学知识，进一步加以应用，形成一个良性循环。

五、充分利用现代教育技术，让多媒体更好地辅助教与学

教学方面，图形的翻折、对称、旋转，利用课件和动画呈现更加直观高效，学生更容易理解，教学效果更好，也更能提高学生学习的积极性。同时，教师还可以引导学生使用多媒体自学。例如，在讲勾股定理时，我引导学生利用周末就勾股定理的背景、勾股定理能解决的一些有趣问题查资料，整理后做展示汇报。这样不但把课堂真正还给了学生，还能养成学生使用手机或电脑等查找和整合信息的习惯。整个过程中，学生会对数学背景、一些数学问题的来源产生兴趣，从而更全面地拓展数学知识，增进学习数学的兴趣。

成功的教学需要的不是强制，而是激发学生的兴趣，使学生在愉悦的气氛中学习。唤起学生强烈的求知欲望是教学成功的关键。教师要为学生创造多一点儿的思考情境，多一点儿的操作机会，多一点儿的自我表现，多一点儿的成功体验。

教学的四点改变

张征宇

青年教师最重要的就是做好本职工作——把课上好。因为课堂改变，学校才会改变；课堂高效，教育才会高效；课堂优质，学生才会卓越；课堂创新，学生才会创造；课堂进步，教师才会成长。

一、转变观念——教师的“教”并不等于学生的“学”

第一，就是转变“教”和“学”的观念。从刚参加工作开始，我就依据课标，认真备好每一节课，从引入到课堂教学，到归纳总结，到巩固练习，每一个环节都不落下，认真琢磨，生怕有遗漏的知识点。一节课上下来，看看黑板上的板书，回顾自己该说的都说了，设计的教学环节都实施了，就觉得这节课上得不错，效率很高。但当看到学生没有完全消化、吸收这些知识后，我就意识到：教师的“教”并不等于学生的“学”。从那之后，我就开始思考，努力寻求改变。

反思课堂教导过程，自己往往都是从输入端开始思考，关注更多的是自己要做什么，而不是思考为了达到学习目标，学生需要些什么。有时候，提出问题后没给学生留下足够的思考时间，自己就急于说出思路，剥夺了学生的自主机会。这样的课堂自己觉得很充实、具体，但学生处在非常被动的接受状态，教学效率是不高的。

如何改变才能以便让学生做课堂的主人呢？首先，要给学生留出足够的机会去思考和亲身体验。提出一个问题后，要给学生留出充分的思考时间，让学生学会用自己的思维方法解决问题。其次，是让学生参与进来。比如，可以鼓励学生在黑板上写题、发动学生自己讲题，这样学生的参与度就高了，注意力也集中了，课堂效率自然也就高了。

二、变换方式——激发学生的内在动力

初三下学期偏向于专题练习，任务比较重。如果整节课都是一讲到底，课堂沉闷，学生就会丧失兴趣。我尝试用不同的教学方法和不同的活动方式，去激发学生的学习动力。

每节课的前五分钟都会进行一次前测。有时是一张小条，有时是快速提问。这种常规方式让学生感到厌烦了，那就改变方式。例如，我曾经实施一段时间的“五人挑战赛”，让学生在游戏化过程中学习数学。具体流程如下。

在前一天的课程中，我会明确告诉学生要考查的内容，可能是知识点，可能是重点题型，让学生自主复习。然后，第二天一上课时便测验。我把每个学生编上序号，在课前把这些序号写在小条上放到盒子里，每节课随机抽取 5 个号码，对应的 5 位学生依次回答 5 个问题。如果 5 人全部答对，就算全班挑战成功；如果有人答错，那么全班学生都会受到相应惩罚，比如说，多写一项作业或者多做一道题，等等。

这种做法虽然不“合理”，但学生能理解，积极性非常高，注意力也很集中，因为他们担心自己一时没复习，就会连累全班同学一起受罚。在同伴压力下，就会积极复习，以通过检验。

三、教学反思——促进专业发展

一节课上下来，下课铃声响了，老师千万不要觉得教学工作就结束了，一定要进行教学反思。美国心理学家波斯纳提出了教师专业化成长公式：成长 = 经验 + 反思。如果一个教师仅仅满足于获得感性经验而不进行理性思考，那么他原有的教育理念及不当的教学行为就很难改变，也无法使自己成为一个研究型的教师。

每节课上下来后应反思哪些地方还可以改善、优化。养成及时反思的习惯，是非常重要的。

四、分析数据——精准指导教学

每次测验后，我会先给每位同学“私人订制”一款个人专属成绩单。除了常规的每题得分和总分外，还包括零失分和能力分，也就是把学生分别在基础题和能力题的得分情况统计出来，制成表格下发，以帮助学生找到失分原因。

在分析了个体情况之后，我会把小题得分表下载下来，通过这个表格进行总体分析。如果直接看这个表，往往会找不到重点，所以，我把满分项去掉，留下来的都是需要关注的、未得满分的那些题目，非常直观。这可以帮助教师明确今后教学中需要加强的重点，无论是专题练习还是个性化辅导，都有较好的指导意义。

以上就是我在教学中的一些尝试和改变，还需要不断学习，提高自己各方面的能力。

初三物理复习课培养学生物理核心素养的四种途径

李 静

提及培养学生的物理核心素养，大家想到的往往是利用新授课，特别是实验课培养。针对初三物理复习课教学中的困局，我们提出以践行“为培养学生的物理核心素养而教”作为解决问题的方向。依据物理核心素养中包含的物理学基本概念和规律、科学研究的思想方法、科学研究态度和价值观、科学应用意识等方面，研究出了合理的培养方法，并在此基础上，进行了实证研究。研究结果较好地验证了理论假设，从而为物理复习课教学有效培养学生的物理核心素养提供了有益启示。

一、基于学习进阶理论确定知识呈现过程，认识正确的物理学核心概念

我们应用学习进阶理论，根据学生认知发展的实际需求确定“阶”，使学生解决问题的路径指向更明确，思维活动“可视化”，从而帮助学生寻“阶”而上，将零散知识连成知识结构体系，促进学生获得知识的连续性发展。

例 1：（2016 年海淀区初三上学期期中考试第 35 题）某实验小

组用如图 1 所示的电路测量未知电阻 Rx 的阻值，已知 R_0 的阻值。请将实验过程补充完整：

（1）断开开关 S，对照电路图连接好电路，并将滑动变阻器的滑片滑至接入电路阻值最大处；

（2）闭合开关 S，将滑动变阻器的滑片移动到适当位置，______；

（3）断开开关 S，整理器材。

用测量所得的物理量和已知量符号表示出待测电阻 Rx=______。

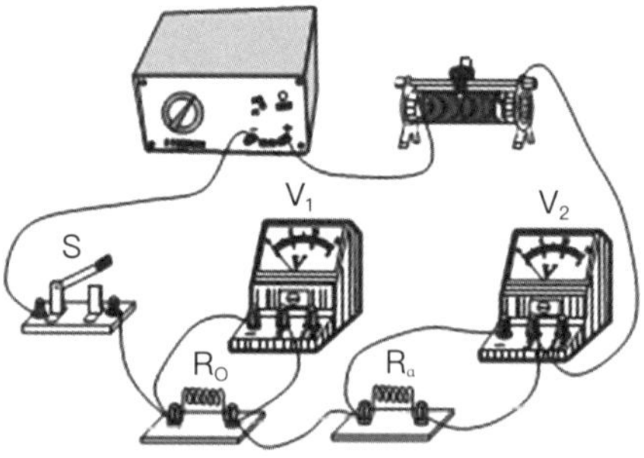

图 1

我列出了此题的学习进阶分析（见图 2）。第一进阶，学生能看懂实物图，知道电路中各元器件的串、并联关系，将电压表测量的电压值与用电器相互对应。在此基础上将实物图转化为电路图。第二进阶，闭合开关后，读出电压表 V_1、V_2 的值为 U_1、U_2，运用欧姆定律分别求得通过 R_0、R_X 的电流大小为 $\frac{U_1}{R_0}$、$\frac{U_2}{R_x}$；第三进阶，利用串联电路特点，列出 $\frac{U_1}{R_0}=\frac{U_2}{R_x}$；第四进阶是借助基本的数学运算解决问题。

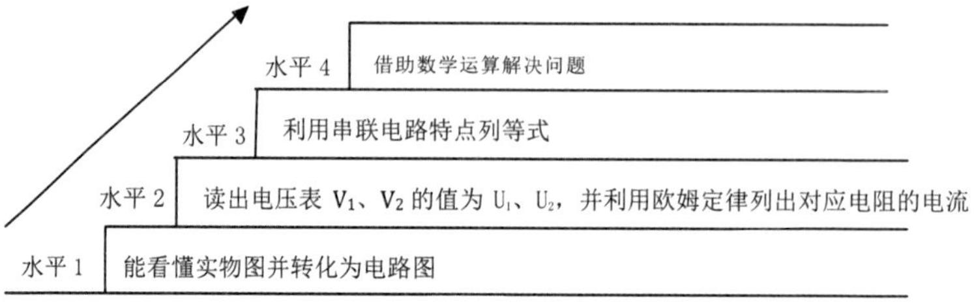

图 2　特殊法测电阻学习进阶分析

图 3 分别是初三第一学期期中、第二学期“二模”这类题的得分情况比较图。从图中可以直观地看出每个班的得分率都有大幅提高。这说明基于学习进阶理论构建的“特殊法测电阻的学习进阶分析”符合学生的认知水平，适合学生的学情，课堂效率较高。

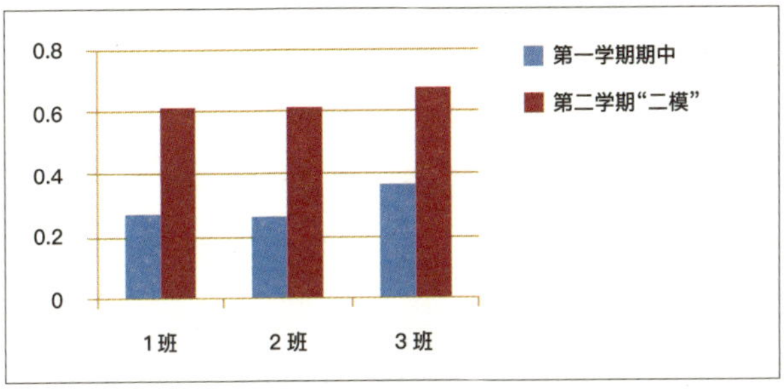

图 3　得分情况比较图

二、运用“类比法”，降低学生的认知负荷

为促进有效学习的发生，在教学过程中应尽可能减少外部认知负荷，并使总认知负荷不超出学习者的承受能力。此外，在保证负荷总量不超标的情况下，还应让学生尽量满负荷工作，以实现最大限度的发展。教师要照顾到不同认知水平学生的学习特点，将学生的外部认知负荷与认知水平实现“无缝”对接。

例 2：（2017 年北京市海淀区初三上学期期末卷第 11 题）图 4 所示电路中，R 为定值电阻，电源两端电压保持不变。闭合开关 S 后，电路中元件均正常工作，将滑动变阻器的滑片 P 向左移动，下列说法正确的是（不计温度对电阻的影响）____________。

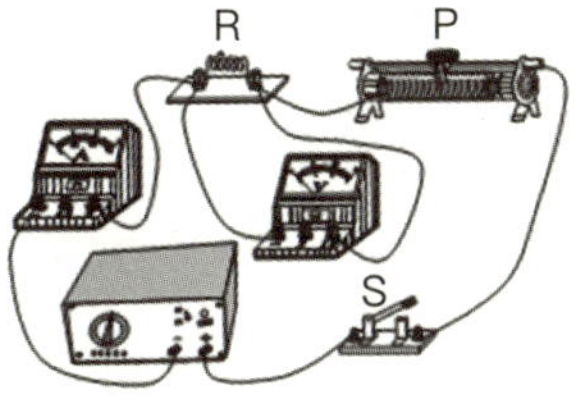

图 4

A. 电流表的示数变小

B. 电压表的示数变小

C. 电路消耗的总功率变小

D. 电压表与电流表的示数之比不变

我用“分苹果”的思想，将“两个人分到的苹果的数量”类比“电阻和滑动变阻器分得的电压大小”，将“苹果总数”类比“电源电压大小”，降低了学生的认知负荷。具体过程如下。首先，判断出滑动变阻器向左移动，整个电路总电阻减小，总电流增大。这一点绝大部分学生都能比较轻松地解决。其次，把总电压比作 10 个苹果，由电阻 R 和滑动变阻器 R*p* 分 10 个苹果，一个分的多，另一个分的就少，而分得多少由电阻决定。为此，当滑动变阻器阻值增大，分的苹果就多，电压就变大，电阻 R 分的就少，电压就变小，反之亦然。这样学生就比较轻松地得到滑动变阻器向左移动电压表的变化趋势。最后，再根据功率的公式和欧姆定律判断出 C、D 选项是不是正确。

图 5 是初三第一学期期末，初三“一模”“二模”时这类题的得分情况比较图。结果显示每个班的得分率都有大幅度提高，说明这种方法符合学生的认知水平。

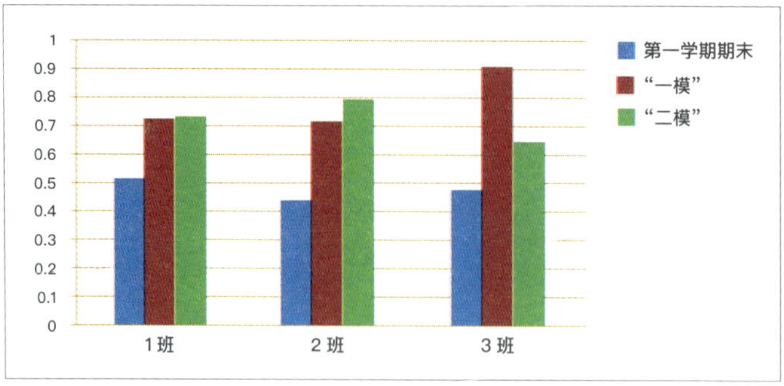

图 5　得分情况比较图

三、做好身边的实验，培养实事求是的科学态度

近几年，北京中考的实验题越来越关注学生的实验操作过程，对实验过程的细节考查较多。通过考查可以得知老师是上课“讲”实验，还是认真“做”实验；是“演示”实验，还是给学生充分的自由“体验”实验。

例 3：（2017 年北京海淀初三上学期末卷 20 题）将两个装有可自由转动的小磁针的透明塑料盒紧密排列在一起，图 6 为仅在地磁场作用下小磁针静止时的几种可能状态，其中正确的是（黑色一端为小磁针 N 极）__________。

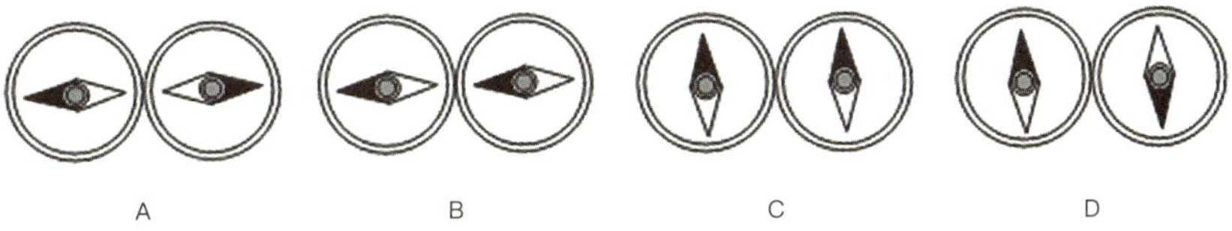

图 6

复习“磁场”知识时，我们给出相应的情景，学生进行理论判断，随后让学生亲自动手，用实验验证。这给我们的启示是：教师一定要以身作则给学生传递正确的科学态度，遇到学生的认知难点时，一定要在理论推演的前提下进行实验验证。若一致，学生会印象深刻；若不一致，师生应共同找到问题的症结。这样才能解决物理学习中的问题，提高学生的物理核心素养。

四、挖掘课本资源，提高学生科学应用方面的核心素养

科学应用方面的核心素养表现为应用所学知识、方法解决现实问题的意识和能力。学生通过物理课程的学习，不仅要能够解析“模型化”的物理试题，更要有解释生活中物理现象的意识，也能利用科学

知识和方法解决学习、生活和工作中遇到的问题。教师在备课环节中，一定要知其然，还要知其所以然，倘若疏忽，可能就会与“真问题”失之交臂。

例 4：（2017 年北京市海淀区初三上学期期末卷第 12 题）北京地铁 S1 线是北京市正在建设中的一条中低速磁悬浮轨道线。该线路连接北京城区与门头沟区，全长 10.2km，计划 2017 年全线通车。列车通过磁体之间的相互作用，悬浮在轨道上方，大大减小了运行中的阻力，最高运行时速可达 100km/h。图 7 为磁悬浮列车悬浮原理的示意图，图中悬浮电磁铁与轨道电磁铁间的相互作用是______。

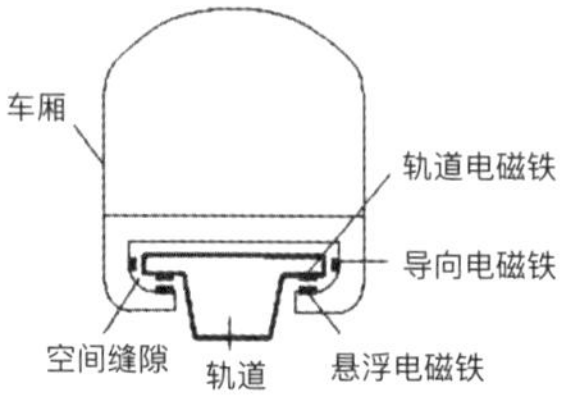

图 7

A．异名磁极相互吸引　　B．同名磁极相互吸引

C．异名磁极相互排斥　　D．同名磁极相互排斥

对磁悬浮列车，学生思维建构的是同性磁极相互排斥。这个概念像“长”在学生头脑里一样，根深蒂固。事实上，列车能够悬浮在轨道上方有两种形式：同性相斥和异性相吸。所以，磁悬浮列车也有两种相应的形式。一种是利用磁铁同性相斥原理而设计的，它利用车上超导电磁铁形成的磁场与轨道上线圈形成的磁场之间所产生的相斥力，使车体悬浮于运行的铁路的上方，属于超导磁斥式。另一种则是利用磁铁异性相吸原理而设计的，属于常导磁吸式（EMS）。

物理核心素养导向的教学是体现物理课程价值的必由之路，教师应该转变教学观念，以提升学生的核心素养为目标，精细研究教学的方法和过程，关注学生个体知识的建构和应用，创设有利于能力发展的学习和现实情境，为培养学生的物理核心素养而教。

基于活动的语文课堂设计

薛贞霞

普通高中语文学科核心素养包括语言建构与运用、思维发展与提升、审美鉴赏与创造、文化传承与理解等。我尝试着围绕核心素养，在课堂上开展了一系列活动，以调动学生的语文学习兴趣。

一、学生微讲堂

在学习语文教材和名著阅读推进的过程中，有些人物或话题学生很感兴趣。在征得大家同意的前提下，学生们各自承包自己感兴趣的内容，课下搜集资料，融入自己的观点，在语文课上以微讲堂的形式向大家展示。主讲者可以和台下同学互动，台下同学也可以对主讲者提出质疑或补充。课堂气氛轻松活跃，效果相当好。例如，王文勇同学讲张良、圣地亚哥，符子龙、方鹏小组讲王熙凤，牛方代表小组讲林黛玉……通过微讲堂的形式，学生学习的主动性和听讲的积极性提高了，同时也实现了语言建构与运用、思维的发展与提升。

二、激战飞花令

下午 4:15 以后是学生的社团和自由活动时间，我试着在这个时间段播放中央电视台的《中国诗词大会》第二季。几天以后，我惊喜地发现观影阵容不断壮大。有的学生提议："老师，我们能不能在课堂上玩飞花令啊？"一开始我担心会影响教学进度没有答应，后来呼声越来越高，我也就同意了。我们把它做成了一个全员参与的活动系列，每周一、周五举行，历时一个月，学生自己讨论制定活动规则以及令字的范围。我们有五个学习小组，通过抽签决定第一场对抗的两个小组以及令字。比赛时，两组成员面对面站成两列，一一对抗，答不上来的学生遗憾离场，他身后的同学接替上来，最后留在场上的小组获胜。获胜组抽签选出下一场与他们角逐的小组，最后积分较多的两个小组争夺冠亚军。

据大家反映，比赛前对抗的两个小组忙着排兵布阵，大有田忌赛马之势，只不过他们把自己当成了良驹。有的同学上厕所都拿着诗词小条。这个活动的受欢迎程度以及团队的合作力量真是出乎意料，我甚至发现，学生积极备战的动力不单纯是为了赢、为了获得奖品，很大程度上是出于对古诗词的热爱，这一点可能连他们自己都没有意识到。

三、《论语》小跑道

我编辑了读本《〈论语〉经典一百条》，以方便学生学习《论语》，并有步骤地开展经典教学：理解、背诵、谈启示、分专题研讨，课前三分钟演讲，以推进学生对文化经典的理解与传承。此外，学生可以利用课余时间找我背诵这一百条，并简单说说大意。本活动以学生自愿为原则，不勉强。完成一条，过程性评价可加 0.1 分。尽管学生嫌分儿低，但还是在《论语》小跑道上愉快地开跑了。

四、批注看我的

我们每周设有两节名著阅读课，名著阅读教学遵循课上阅读和课下阅读相结合的原则。为了增强学生的感悟能力和表达能力，我鼓励学生在书上做批注。可以批注语言内涵、手法技巧、思想主旨等。有时围绕一个核心问题进行批注，阅读《平凡的世界》时，我提出了一个核心问题：“《钢铁是怎样炼成的》这本书对孙少平的影响很大，那么孙少平这块钢铁是怎样炼成的呢？”以这一问题贯穿孙少平的成长史。课堂上，我和学生一起批注，一起交流，畅谈各自的体悟和收获。我希望通过这样的方式潜移默化地提升学生的审美鉴赏能力与创造能力。

五、诗词竞芳华

班级飞花令大赛历时一个月，学生觉得不过瘾，我们又开展了高一年级诗词大赛。这个大赛内容丰富，题型多样，飞花令只是其中的一个环节。我和年级的另一位语文老师编辑了一本《最美诗词·唐宋篇》，作为出题的范围，分发给全年级学生，让他们利用课余时间翻看。接下来我们俩辛苦地准备题库，编制考题，最后迎来诗词大赛。第一次筹划这样的活动，我们俩都没有经验，其实题库可以向全体学生征集，编制考题的工作也可以通过招募考题组成员由他们来完成。这样更彰显出他们大赛主人的身份，且可以锻炼他们各方面的能力。好在学生备战的积极性还是很高的，最后大赛圆满落幕。

六、校园课本剧

有很长一段时间，我总担心课堂上老师少讲甚至不讲，学生学习的知识会不全面、不深刻。后来发现，某些时候，与其我辛苦地讲，他们不认真听，还不如索性放手让他们自学，特别是在学习文言文时。于是，情节性比较强的文言文或名著，我就试着让各小组分工合作，自由创作剧本，自导自演。后来我惊喜地发现，学生在忠实于原文的基础上，能加入自己的理解并再创作，用他们喜欢的方式，实现了按部就班的课堂教学无法达到的效果。学生在演出《廉颇蔺相如列传》时，演得很精彩，场下掌声、叫好声此起彼伏。

学生表演课本剧《廉颇蔺相如列传》

七、情诗贵原创

我们以前开展的现代诗歌教学活动，培养出了一位校园诗人——冒同学。他不仅平时诗作颇丰，而且考试时也创作诗歌。在上高二时他就已经初显诗歌才华，现在竟一发不可收拾。这让我意识到现代诗歌教学不是可有可无的，它对学生是有帮助和影响的。优秀的诗篇极有可能与他们产生情感共鸣，甚至成为某些人一生的挚爱。这坚定了我开展诗歌教学活动的信念。

我曾编了一本小诗集《现当代诗歌散文欣赏》，让学生人手一本。课堂上请学生朗诵，师生共同赏析其中的精彩作品。

朗读诗歌《以梦为马》

学生特别喜欢这本诗集，开玩笑说读完这本诗集就能成“诗圣”，并戏称其为“情话集”。受他们的启迪，我说：“咱们开展一个情诗大赛吧，以诗会友。”结果得到大家的热烈响应。接下来的所有流程都由学生来完成：出海报、忙创作、发布公众号、微信平台投票。原本打算开一个现场交流会，请获得票数前三的学生谈谈他们的诗歌创作灵感和技巧，答现场同学问。后来因为我被调到初三年级帮忙，没能开展下去，留下了遗憾。

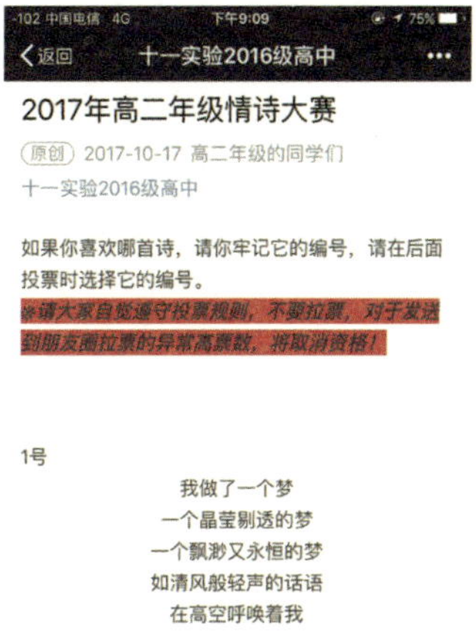

诊断促进我成长

王亚凤

在上学期的教学诊断中，学生对我的教育教学比较满意，其中在“老师注重培养我的自主学习能力”“我能感受到老师非常关注我的成长”“老师风趣幽默”“老师的课堂灵活多样，有特色，吸引我”“这位老师的学科素养高”等方面的评价中获得了满分，其他各项评价分数也高于年级和学科内部的平均分。

作为一名老师，我觉得能受到学生的喜爱既是对我最大的精神奖励，更是对我的鞭策，让我更加热爱自己的教师职业和学生，并努力改进教育教学方式，不断成长。

这是我调动到学校的第二年，想起刚调到学校后的第一学期的诊断评价中，我的各项评价分数都不高，评价项目中最低分只有 72 分，平均分只有 80 分，令我非常失落。在原单位，我是全校学生最喜欢的老师，在这里我却是“最差”的老师。我开始反思自己的教育教学，发现自己在原单位 11 年惯用的教育教学方式根本不适合这里的学生。我非常焦急，觉得必须改变自己过去惯用的教育教学方式，让这里的学生也和原来的学生那样喜爱我和我的课堂。根据学生实际，我进行了以下改进，并获得了较好的教育教学效果。

一、饱含热爱之心

没有爱就没有教育，只有热爱学生，学生才会同样热爱你。所以，我把满腔的热情投入教育教学中，高一、高二年级6个班的教学任务，由于是跨年级教学，对我来说并不轻松。另外，对学生的了解也需要一个过程，我通过观察以及和其他任课教师沟通，了解每一位学生的学习习惯和学习特点、性格特点，进行有针对性的交流与辅导。这让学生感觉到老师是非常关注他们的，这渐渐地就拉近了我与学生之间的距离。

作为教师，我们既要爱“白天鹅”，更要爱“丑小鸭”，因为我们只要关注“丑小鸭”，它就可能变成白天鹅。高二下学期期末，学生面临政治会考，但学生的政治学科素养并不高，要让所有学生顺利通过会考并不容易。我深知会考对高二学生的重要性。为了让学生顺利通过会考，我除了根据学生的实际情况制订了详尽的会考计划外，从4月份开始直到6月末会考结束，我每天很早就来到学校，进入班级进行会考辅导，并对学习困难的学生在课间、午休时间、放学后单独辅导。我不放弃任何一个困难生，并对他们进行鼓励、表扬、肯定，让他们对自己充满信心。学生感受到了我的坚持与付出，他们也更加积极主动地进行会考复习，在2016年夏季政治会考中，高二年级的所有学生都顺利通过了会考，我也赢得了学生的好感。

王亚凤老师课间辅导学生

二、富有创新之心

如果说我是一个工匠，学生就是我的产品，我希望自己每天都秉持着工匠精神，“加工”出比较得意的产品。在课堂教学中，我坚持政治学科的育人导向，渗透学科素养；以学生为中心，重视实践性；突出综合性，关注思维品质的形成。具体做法主要有：课程资源丰富化，教学内容生活化，课堂形式多样化，过程评价多元化。

1. 课程资源丰富化

在课堂上，我运用多种课程资源。例如，在学习“文化对人的影响”时，我选用了舒婷的《我的祖国》，并播放这首诗的配乐朗诵，让学生感受到优秀文化对人生的塑造作用；选用校园活动的照片和教学楼楼道墙壁上的海报，让学生感受到文化对人有潜移默化的影响。在学习“政府职能”时，让学生打开北京市政府的网站——首都之窗，查找北京市政府为北京市民拟办的实事，让学生感受政府是为人民服务、对人民负责的，其职能是管理和服务。在学习“民族精神”时，播放《中华民族精神》的相关视频，让学生感受中华民族精神的内涵和表现。

2. 教学内容生活化

理论是灰色的，生活之树常青。生活化是一种学习方式，运用这种学习方式，可以让学生在生活中学习，在学习生活中发现自我，从而提高学生的学科素养和在社会中的竞争力。在课堂教学中，我引导学生讨论方便面销量下降的原因，让学生理解影响消费的因素。我引导学生分析北京交通拥堵的原因并提出解决措施，以提高学生分析问题和解决问题的能力。针对北京秋冬季节的雾霾，我带领学生分析其成因并引导他们思考为减轻雾霾公民和政府能做些什么，以增强学生的社会责任感。我还和学生一起分析在“互联网 +”时代，共享单车出现的必然性及对人们生活的影响等。这些做法不仅让学生感觉“政治”其实距离他们并不远，而是就存在于生活中，更有助于培养学生的理性分析和公共参与精神。

3. 课堂形式多样化

为了充分调动学生参与课堂教学的积极性，主动思考探讨，在哲学课堂上，我鼓励学生讲富有哲理的小故事，让他们感受哲学就在身边；让学生分享各学科学习方法以感受矛盾有特殊性；通过做数列题来感受矛盾普遍性和特殊性的关系；让学生分组展示政府的职能，以增强对政府的认识，从而支持政府的正确决策；针对不同观点开展课堂小辩论活动，以激发学生的思辨能力，让学生在思辨中理解知识。

4. 过程评价多元化

在高三的第二轮复习课教学中，为了提高教学效率，我对学生的评价分为自主学习（课前）、参与度（课上）、时政评论（课后）三部分。

在复习某一专题知识前，先布置作业——以问“核心问题”的方式引导学生自主梳理知识。例如，在复习价格理论时，从“影响价格的因素 + 价格变动的影响”两个角度设置自主学习内容，具体内容如下：①请用具体案例分析市场中引发价格变动的因素；②请用曲线图描述并分析价格变动如何影响居民生活；③请用图示分析价格变动如何影响企业经营；④请用实例分析国家稳定物价的具体措施及意图；⑤请分析北京实施阶梯水价的经济学依据。学生根据布置的作业，课前自主整理核心知识，在整理核心知识过程中就会发现自己学习中的不足，然后有针对性地自主复习。

在进行专题复习的课堂上，以练“经典试题”的方式助力学生思维的提升。根据学生做题情况给予有针对性的评价。

在课后，以写“短评（文）”的方式达成学科素养。例如，进行“生产与消费”专题复习后，让学生写有关新能源汽车发展前景或如何推动供给侧改革的短评；在进行“企业经营”专题复习后，让学生写《我看“共享经济”的发展》；在进行“社会主义市场经济理论”专题复习后，让学生写《读懂中国制造2025：从中国制造到中国创造》……

感谢诊断评价，让我不断前进。

CHAPTER 05

一所学校的教育蜕变

第五辑　用服务的理念做教师

学校卫生工作在转型中的流程改造

白 琳

2016 年，北京十一实验中学迎来了转型、改造和重建。在新的扁平化管理模式和选课走班育人模式下，学校卫生站已有的一些工作流程、工作模式变得不再适应学校的新生态了。学校卫生站如何契合新的管理模式、育人模式要求，适应变化，更好地为教育教学工作保驾护航，成为我们新的工作切入点和着力点。

一、发挥即时通信工具的优点，弥补流程断链，对传染病“围追堵截”

传染病防控历来都是学校卫生工作的重中之重。根据北京市海淀区教育卫生保健中心、海淀区疾病预防控制中心等部门的指导，我校围绕传染病防控制定了完备的相关制度。最基本的有“一案八制”。“一案”为传染病疫情及相关突发公共卫生事件应急预案。“八制”分别为：①学校传染病管理制度；②传染病疫情及突发公共卫生事件报告制度；③学生晨午检制度及因病缺课登记、追踪制度；④复课证明查验制度；⑤学生健康管理制度；⑥学生免疫规划管理制度；⑦传染病预防控制健康教育制度；⑧通风、消毒制度。这些制度的日常落实与责任人主要体现在图 1 的“学校症状监测及传染病报告流程”中，制度明确，责任到人。

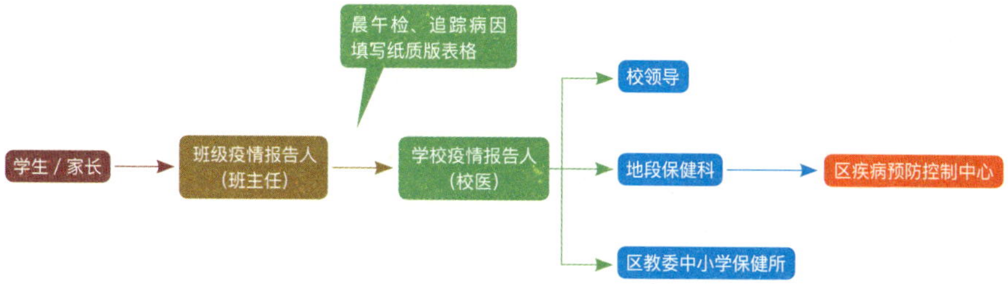

图 1 学校症状监测及传染病报告流程简图（旧）

这样运转成熟的流程，在学校转型、实行导师制后，流程链断了。转型前，图中的班级疫情报告人由班主任负责，班主任每日负责收集本班疫情及晨午检情况，填写纸质版“晨午检记录表”向学校疫情报告人报告。学校疫情报告责任人是校医，负责全校传染病疫情、疑似传染病疫情及突发公共卫生事件的上报工作，并做好发病情况的记录，配合疾病预防控制部门进行流行病学调查。转型后，没有班主任了，传染病防控链上的关键起点没有了，何谈下面的流程呢？转型前，针对制度、流程，学校疫情报告人都会给班主任培训注意事项；转型后，各年级自主管理，没有中层部门召集班主任开培训会议了。

传染病防控工作是常规工作，不管学校组织管理结构怎么变，上报的流程不能少。首先，需要把断了的流程环节弥补上来，也就是班级疫情报告人这一环节。经过一段时间的磨合，我们制定了由导师每日上报患病学生姓名、家长联系方式，直接由校医收集、专人负责追踪患病学生情况并登记上报的制度。我们利用微信建立了一个“学校健康管理群”。使用即时通信工具的好处有三个：①即时性，避免了信息流失或者缺乏时效性，能有效防止漏报、迟报、瞒报等；②直观性，微信形成记录，便于查询统计；③便捷性，省去了纸质版上报，既环保又方便，也减轻了年级教务员和导师们的工作负担。

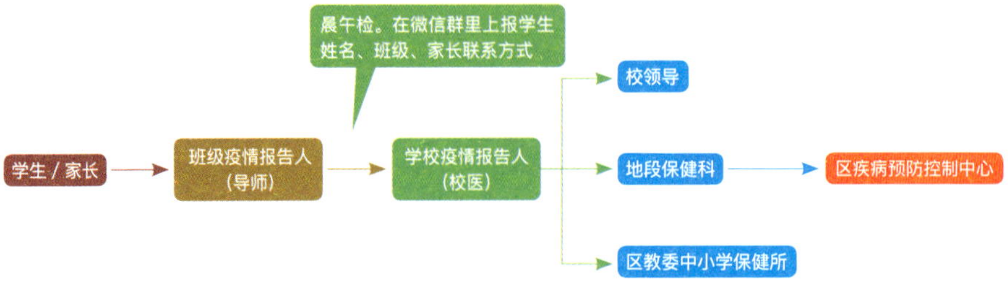

图 2　学校症状监测及传染病报告流程简图（新）

二、事前定规矩，防“患”于未然

随着学校转型和改革的深入，学校的课程体系也变了，增加了小学段，增加了走出学校的游（研）学课程。这种课程要把学生拉出去，不仅拉出去，还要带他们到市内外的各种实践体验基地去，跟以往外出相比，时间长、地域广。这对医务保障工作提出了新要求。外出游（研）学和在校内一样，最怕发生传染病疫情。围绕这一重点，我们制定了相应的制度、流程，并且采取了相应措施。

1. 制定游（研）学医务保障制度

①校卫生站专业医务人员提供游（研）学师生的医务保障，备齐备足符合诊疗范围的各种医疗物资。

②提前通知学生家长。根据卫计委的规定，学校卫生站的诊疗范围是预防保健，不能给学生提供口服药。应要求学生家长给学生备足消化系统、呼吸系统等的常用口服药。游学期间必要时，在征得家长的同意后，学生在带队老师的监护下用药。

③学生患有传染病、慢性病急性发作期、上呼吸道感染和腹泻等急性疾病期间以及其他不适于外出游学的情况，学生家长应如实报告，不得隐瞒。如果隐瞒不报，游学期间发生的任何不良健康问题，

后果由学生及监护人负责。

④医务人员根据学生的病情，应及时提出到医疗机构就诊的建议。

2. 建立游（研）学期间发生传染病疫情的处理流程

游（研）学期间的传染病疫情也要围绕防控传染病的三个环节来处理，控制传染源，切断传播途径，保护易感人群。抓住这三个环节，就能有效保障其他未患病师生的顺利游（研）学活动。

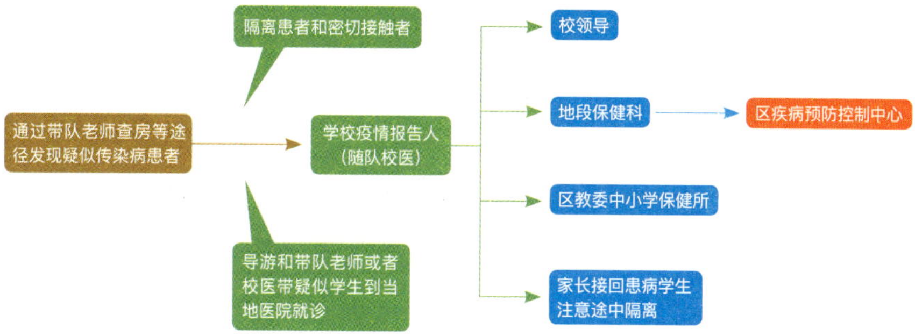

图 3　游（研）学期间疑似传染病患者处理流程

3. 提前做好外出游（研）学健康宣教工作

除了严防传染病，外出游（研）学遇到的学生患病情况跟在校内还是有差别的，而且游（研）学线路有多条、游（研）学时间也不一样。提前宣教的注意事项，要根据游（研）学时的季节、地域的不同而改变。比如，要提醒学生根据气温情况增减衣物；夏天要提醒学生多饮水和防蚊虫叮咬；多雨的地方要提醒学生多带一双鞋；餐饮上要多吃水果和蔬菜，不能喜欢吃什么就只吃什么……事无巨细地提前叮嘱，就是为了防止学生中暑、受寒或者病从口入等。

三、沟通协作，随“机”应变

转型后的教学组织形式变成了选课走班上课。没有了过去的行政班级，每一天、每一节课，学生根据自己个性化的课表，到不同的教室去上课。遇到全校性的活动，需要各个年级轮流、在规定的时间段内集中来做的事情就比较难办。比如，全校学生体检、全校学生注射疫苗、全校学生龋齿筛查等。

不可能为了体检、为了注射疫苗等工作，全校都停课。体检单位也不会因为你有教育教学活动，就长时间等待。这就需要医务部门跟各个年级提前做好沟通，先照顾毕业年级，让毕业年级先选时间段，然后再看其他年级有什么特殊要求，由医务室把各年级大致的时间段安排好。活动当天，各个年级也会安排专人跟医务人员对接。这些活动涉及其他单位，有什么变化，我们可以随时商量，随时调整。通常，因为是走班制教学，遇到全校学生体检等活动时，年级会集中把学生带到相应场地。

学校转型尚在路上，许多事物尚在发展变化中。我也常常思考，同样一件工作，怎样做才是更优的方案。工作流程也好、路径也好，都是为了最大限度减少对教育教学工作的影响。当然，流程和路径是根据转型过程中出现新生事物和学校的客观条件的改变相应变化的。比如，上述学生体检时年级集中把学生带过来，如果一个年级的学生就达到数百人甚至上千人该怎么办？

学生的健康基本知识和理念、健康的生活方式与行为、健康基本技能等，需要家庭、学校和全社会的共同关心。我很高兴能够在教育领域的阵地上，为学校卫生工作做出贡献。我也很高兴能够参与学校转型的变革，并不断创新和进步。

人人都是“班主任”

张建柱

在学校转型的过程中，作为体育教师，我也默默做着许多原来属于“班主任”的工作，深刻体会到了“不育人则无法教书”的道理。

一、“班主任”意识是扎在教师内心深处的育人意识

班级管理制度并非一无是处，但班主任制度的弊端也确实越来越突出、越来越跟不上社会、学生发展的变化——用一把尺子、一个标准衡量所有学生，严重忽略了学生的个性差异，忽略了学生的个性发展。在“十一育人模式”下，立德树人，要真的从每一位教师做起。

应该让老师们有“人人都是班主任”的意识。我们常常让学生在学校转型中觉醒，作为教育工作者，我们也需要觉醒。在学校转型中，常有个别老师抱怨“现在的孩子越来越难管、越来越没有规矩了”。可是我们老师在教育的过程中是否做到了“时时处处在做着育人的工作”？在教育工作中，绝不仅仅只是班主任有“育人”的责任。有一次从操场路过，正好看到校长捡起了篮球场上的废纸，我也有意识地捡起了路过时碰到的瓶子。当我正准备去捡起另一个时，一个初一年级的学生赶紧伸手捡了起来。这虽然是一件小事，但让我意识到：教育有时候是在不经意间发生的，这不正是身教重于言教的体

现吗？于是，我就反思：如果没有看到校长捡废纸，我是否能有意识地去做这件事呢？也许这么有意义的“教育”就错过了。所以，我认为，在学校转型期间，不仅仅人人是“班主任”，而且应该处处都做“班主任”。“班主任”只是一个称呼，它代表的其实是育人的职能与过程。只有将“育人”的意识扎在每一位老师的内心深处，学校转型期间才能避免教育的死角。

二、走进学生中间，就会发现更多的教育主题

有一位学生“导师”写下了这样的体会：导师工作就是陪伴，陪学生吃饭、陪学生聊天、陪学生看电影。我认为这样的陪伴式教育还远远不够。跟体育老师相比，导师每天接触到的学生其实并不多，学校的体育老师每天在各个运动场上，不断地接触全校各年级的学生。加上学生似乎天生与体育老师有亲近感，不管什么样的话题，只要有时间就会一股脑地倒给你。所以，只要体育老师有意识，学生很容易就会在不经意间受到教育。我觉得这样的教育是老师给学生施加的一种影响，更容易让学生接受。

有一次大课间，我坐在树下休息，一个初中的学生走过来坐在我身边问：“老师，您玩游戏吗？”我说：“玩呀。”学生又问我玩的什么游戏，我反问：“你玩什么？”学生说：“我玩刀塔。”“这么巧，我也曾非常喜欢玩这个游戏。”我睁大了眼睛，让他觉得我非常惊讶。于是我们聊起了游戏，聊起了游戏里面的英雄。我问学生最喜欢的英雄是谁，学生告诉我，他最喜欢的是“猴子”。“哇！猴子厉害呀！”学生“嗯”了一声说：“它到后期就无敌了。”我问学生：“你觉得打好这个游戏的关键是什么？”学生告诉我：“不断地、尽快地刷钱发育。”我又问他：“对方都知道你是后期，能让你安心发育吗？”学生告诉我：“我还有队友哇，他们可以帮我。”我继续

引导："也就是说，你认为输赢还得靠团队的配合、靠大家的协作是吧？"学生点头表示同意。我也发表了自己的看法："但我经常遇到自私的队友，该团战的时候他在刷钱，该刷钱的时候他又去送人头。其实，五个人的游戏必须五个人齐心协力，你说对吗？"学生特别赞同，提高了嗓门连连说"对"，并表示他也经常遇到这样的队友，没办法。我又问学生："你在上课的时候会不会遇到这样的同学：大家都听讲的时候他搞怪，大家都写作业的时候他捣乱？"学生说"遇到过"。我问他："你说这样的学生是不是也跟玩游戏的那种自私的人一样？"学生表示赞同，还告诉我，自己绝对不是这样的学生。"当然了。"我说，"懂得游戏真谛的人绝对不会犯这样低级的错误。"其实，我还想跟学生聊沟通的重要性、沉迷游戏的危害，等等，但是没时间了，于是我跟学生约定，有时间一起聊天，一起打球。跟学生聊天时，老师的微笑、惊讶等面部表情，简短的提问方式，还有老师对学生观点的认同都会让学生的话越来越多，说得越多学生就越兴奋，接下来老师要给学生一些引导时，学生才会认真听，才会产生认同感。

我也跟学生聊过电影。女生聊"小鲜肉"比较多。比如，艺人鹿晗。这时我会告诉她们，你们的偶像鹿晗同学，在《建军大业》中哪儿像一名军人，毫无战士威猛的气概，但歌唱得还是挺好听的。最近，女生们都在狂热地看《哥哥太爱我怎么办》，我更是表达了对这一电视剧的不满：毫无中心思想，不知道导演要表达什么；纯粹就是批发"小鲜肉"的。其实，有时候不用怕不顺着学生说会把天"聊死"，因为她们跟体育老师的关系都相当融洽，这样的"打击"可能会换来学生的一句"你没人家帅，你嫉妒"，并不会因为意见不同而尴尬。

三、利用课外活动对学生进行教育

我在学校负责高中篮球社团的课外活动。高中生活泼好动，仿佛浑身有使不完的劲儿，有用不完的能量，同时他们也比较喜欢自由，万事不想受约束。针对学生的这些特点，我特地每周都跟学校教工约篮球比赛。借助比赛，除了让学生强身健体外，更重要的是想通过每次篮球比赛都着力去解决一个问题。

在第一场比赛中，我专门给一个篮球水平很高的学生（一个班里的问题生）做了一次技术统计：在上场的三分钟时间里，5 次失误、2 次犯规、0 分入账。我立刻将他换下，并把技术统计数据拿给他看，一句话都没跟他说，就继续做我的统计工作。我分明听到这个学生说了一句："老师玩得还挺认真。"比赛结束，学生输给了老师 6 分。我总结这场比赛时说："对今天的比赛，我非常不满意，为什么？绝不是因为我们保留，而是非常不满意你们的比赛过程。你们看今天的统计数据：上场 3 分钟内，要么把球传丢了，要么把球运丢了，要么球被断了。在这么短的时间内失误竟然达到 5 次！另外还搭上了两次犯规，别说没得分，就是得再多的分，我也不会满意！"我看了一下被我换下场的那个学生，从他的脸上没看到愧疚的意思，双腿在抖动，手里还玩着东西。我接着说："今天我想送给同学们一个词——责任，我希望同学们能记住，而且要记一辈子。就拿这次比赛来说，场上的队员们拼命地抢到一个球，把球交到你的手里，是对你的信任，是希望你能得分的。场外这么多啦啦队员拼命为你喊'加油'，就是加油两个字这么简单吗？那是同学们对你的期盼！对学生队能打败老师队的渴望！可是你怎么做的？随随便便就把球处理了！这是什么？这是没有责任感！"我口气比较强硬。我再看那个学生——他的腰直起来了，腿也不抖了。我话锋一转说："这是一个同学的个别现象吗？场上其他同学有没有认识到你做的每一个动作，都会牵扯我们许多人的心？我们感到老师们打得挺玩命，我想说的是，老师们不是玩命，而是认真，是负责，展现的是一种态度，对人对事负责任的态度。虽然是一场普通的篮球比赛，一场娱乐，但是老师们以百分之百的努力赢得了比赛。即便是老师们输了，我仍旧为老师们喝彩！”

育人就这么悄悄地发生着，作为一名体育教师，我踏上了我的“班主任”之路。

利用量表发现学生的优势

祁 瑞

2017 年 2 月，我走进了北京十一实验中学，成为这个变革中的大家庭的一员。在这个新环境中，我开始了从教师岗位转向行政岗位的角色转变。说实话，刚开始还是有很强烈的失落感的，因为教师最充实的感受来自课堂，我往往通过一个眼神、一个手势就可以和学生进行交流。当我在一个完全陌生的环境中远离课堂、远离教室又要担任教导员一职时，如何教育学生、如何和学生进行沟通成了大问题。

教育学生绝对不是对犯错误的学生来一顿呵斥，对某些科目落后的学生来一顿批评；要引导学生，引导学生的关键在于能和学生搭上话。这种“搭话”绝对不是“你好”“今儿天不错”“你吃了吗”，而是深层次地去了解学生的所思所想，理解不同年龄段、不同年级学生之间的需求差异，更要发现学生在多元智能中的优势智能。

为了更好地了解自己的服务对象，我经常借助各种机会观察学生，并用自己所学的家庭教育知识去分析他们，对他们进行优势归类，并在合适的时间和他们聊各自的兴趣、爱好，以及他们的困惑。

一、听觉型的未来音乐家们

1. 失落的“诺哥”不见了

刚刚接触 2016 级的刘某某同学——诺哥时就觉得他很好动，并没有特别留意他。恰巧当年4月份“小学段”外出考察学习时他被分到了高晓静老师那组。高老师在游学结束后也和我聊起诺哥，说他在游学过程中表现很活跃，但是待不住。办公室的王旭老师也正好是诺哥的体育老师，她也说这个学生上课时总是动来动去，不让动就难受，而且文化课成绩也不好。这个“特殊的小哥”让我备感兴趣，就刻意找他聊了几次。他告诉我，他每天放学回家后都要把自己的贝斯弄出来，一通折腾，弄出很大声音来，他就舒服了。说到这里时他的眼睛都是放光的。但当我问到他有什么困扰时，他立刻蔫头耷脑地说他不爱学语文，他最怕写作文，而语文老师又是他的导师，老师总说他不认真写，可他是真的写不出来。那种无助和沮丧让人看着心里酸酸的。于是，在征得他的同意后，我给他做了两个量表测试（八种智能优势的测试以及五种认知的测试）。测试结果显示他是“听觉类型”的学生，同时肢体智能又很发达，但他的自我认知智能比较靠后。看到测试结果我就理解了他为什么喜欢动、喜欢音乐，而在语文课上又比较吃力了。我给他解释了他为什么总喜欢弄出动静，而又不喜欢看书，作文也写不出来的原因，以及他的优势所在；还告诉他很多听觉型的学习方法，帮助他发现自己的优势，并引导他发挥自己的听觉优势，尝试改看书为听书，推荐他用一些听的APP来完成学习。

4月24日是我校的开放日，接待北京市五一小学的学生来校上体验课，我们在初一、初二年级征集了很多志愿者来协助开展体验课。当时大部分的志愿者都在楼道里给小学生们提供路线指引服务，以帮助他们走到下一个体验教室。操场上的射击课程的助理志愿者并没有完全到位，诺哥一个人在场地两边奔走，协助老师捡剑、给体验学生发剑，大太阳下，满头是汗。

5月份学校组织校园歌手大赛时他积极参与，但他的表现并不好，也没有能够晋级决赛，他很失落地来找我。我帮他分析了准备不充分、临时换曲、没有发挥自己的乐器优势等导致他失败的原因。他离开的时候满怀期待地问我："学校以后还有这种比赛吗？"我的回答是肯定的，"只要你有充分的准备，总会有收获在等着你"。

当年 11 月份，在区级班会上看到他对同学的发言进行自信、全面又有自己想法的点评时，在他身上已经找不到年初谈及学习时的那种无助和沮丧了。

2. 能画又能"弹"的邓

2015 级的邓某某是一位文静的女生。她的教室就在我们办公室上面，加上又是班里的团员，所以只要有团活动，她一定会到我们办公室里来。她说话声音小小的，总是笑眯眯地看着你。和她真正有接触是在 2017 年 3 月 3 日去北京市石景山区太阳花听力康复中心献爱心活动时。那天，我带着高一、初二两个年级 6 名志愿者带着学校的爱心捐款前往太阳花听力康复中心。康复中心的吴主任安排我们和孩子们坐在一起互动。我发现孩子们都很喜欢这位姐姐。她话不多，但是她的耐心和微笑拉近了和那些小朋友的距离。

从她安静、说话声音小，不主动发言，但听对方讲话时很专注等几个特征来看，我初步断定她是"听觉型"的学生，后来通过量表验证也确实如此。邓同学是典型的听觉型，肢体智能和音乐智能都很靠前。她可以做音乐，也可以学美术。她说自己一直在学画画，也在学乐器，但家里人觉得以后如果要走音乐这条路太辛苦了，所以决定让她选择美术，初三时她就要转校了。

对邓同学来说，她学了乐器，也学了画画，她的优势项目都被发现出来了，并且在优势项目中选择自己喜欢的方向作为以后的发展方向，这样自己学起来也会快乐很多。

二、触觉型的“淘孩子”

和2016级的小胡同学接触是在给诺哥做过量表测试后，诺哥离开前问我，他有个好朋友，能不能带着来也做做这个量表测试。我答应了。在一个炎热的下午，我见到了诺哥口中“老帅了”的赫哥。

初见小胡同学，第一印象是不善言谈，和他口若悬河的好友诺哥完全不同。闲谈中知道他喜欢打篮球，喜欢操作性的课程，文化课成绩一般。测试结果显示赫哥是“以触觉为主的学习类型”，兼具视觉型，比较敏感。肢体智能和人际智能优势明显，自我认知智能其次。可以解读为他的思维灵活、意志力强、好动、动手能力强，虽然不爱说话，但是人际关系很好，作文也写得不错。对他学习的建议就是喜欢的课程要多阅读，难记、记不住的东西要善用肢体去记，并跟他详细讲解了肢体记忆的方法。

2017年5月24—26日我校举办首届校园吉尼斯挑战赛，本来是由刘某某做志愿者、裁判员，但校园歌手大赛在24日、25日两天举行，刘某某就和我商量让赫哥来替换他。24日那天来参加的学生很多，裁判也不少，赫哥主动承担了捡球、送球这个又累又不好玩的工作。当挑战者投完球后，他身手敏捷地迅速递球，然后再去捡球。五月份的中午四点钟，室外的温度很高，其他裁判都在不耽误工作的情况下找人替换着休息一下，赫哥没有，他一直陪我们坚守到最后一位挑战者完成挑战，收好球，才告别回家。

首届校园吉尼斯挑战赛地贴

学生积极参与首届校园吉尼斯挑战赛

三、更多的教育责任

2017 年 5 月“家长开放日”时，我为来访的家长和学生做了“发现优势，树立自信”的小讲座，并且当场就做了 30 多份量表测试及简单分析，好几位家长也强烈要求做一下。其中印象最深刻的是初一年级董同学的父母，先是妈妈和孩子做了，之后爸爸也要求做一次。当时因为家长和学生太多，只给董爸爸做了个简单的解析，董爸爸觉得还没有充分了解量表分析以及它能对孩子带来什么样的帮助，第二天又到学校找我继续讨论。这件事使我坚信发现学生优势对家长、学生都会有启发和帮助。

在和董爸爸的交流中，了解到董爸爸是一位博学、爱阅读的父亲，也正是因为他读了很多书，所以他会对很多事持怀疑态度。我想，这也是他为什么要再次到学校找我们讨论量表分析的原因，他在得到满意的答案后才离去。

在和家长的接触中，我深刻感受到学校教育的重要。我们的孩子从上幼儿园开始，白天和老师在一起的时间远远多于和父母、亲人在一起的时间，父母的很多教育职责都转移到了老师身上。在日常的频繁接触中，我们很容易发现孩子们情绪的变化以及习惯性行为、优势、不足，等等。当然，并不是所有学生都有足够明显的优势，相当一部分学生都是处于均衡状态，那么对这种学生就更需要老师为他们提供更多舞台去锻炼他们；更需要老师具有一双“慧眼”，能发现各种活动中学生的亮点并引导他们学会让自己的亮点变得更亮，引导学生更加自信地生活、学习。

四、量表的使用

要发现学生优势，不仅需要经验，更需要科学的工具。多元智能理论是由美国教育心理学家霍华德·加德纳教授提出的。加德纳教授认为，每个人都至少具备语言智力、逻辑数学智力、音乐智力、空间智力、身体运动智力、人际关系智力和内省智力；后来，又增加了自然智力。这一理论被称为多元智力理论。这种理论认为，不存在单纯的某种智力和达到目标的唯一方法，每个人都会用自己的方式来发掘各自的大脑资源。

对中小学生来说，多元智能理论有助于老师借助学生的智能分布去了解学生。我们可以将这一理论用于两个方面。

一是可以利用多元智能理论来发掘资优学生，进而为他们提供合适的发展机会，使他们茁壮成长；二是可以利用多元智能理论来帮助有问题的学生。

对初中学生，我主要使用五种认知类型测试、八种智能测试两种量表，以发现测试者的智能优势。这两种量表都来源于加德纳教授的多元智能理论。对高中生，除了这两种量表外，往往还要做一个心理类型和职业匹配度测试，主要目的是分析测试者的智能优势，引导他们进行初步的生涯规划。

概说选课走班

陈　岳

一、选课走班的优势

王茜等同学在制作线装书

选课走班有助于拓展学生的知识与技能，发展学生的兴趣和特长，培养学生的个性，促进教师的专业成长，促进学校特色的形成。

二、形成共同的教育价值观

学校的“泼水节”

学校以每一位学生成为自主发展的主体为价值选择，把立德树人作为工作的出发点，强调教育是发现和唤醒，发现学生的优势、特点和差异，唤醒潜能，帮助学生了解自我。

学校在各个层面开展教师培训和交流分享，通过各种方式，让《北京市十一学校行动纲要》扎根教师心中，成为行动的依据。例如，通过寒暑假与十一学校教师共同封闭学习，参加十一学校教育年会、新学校论坛、纲要解读会、教代会、课程构建培训、过评使用分享会、行政人员工作会、读书交流会等，把价值观具体化，将价值观与具体的教育教学行为联系起来。

三、学校治理结构扁平化

学校取消了副校长层级，不再设教学副校长、德育副校长和行政副校长。

学校成立了教导处，把教学处和德育处合并。教导处从过去的一级管理部门，转为为教学、师生提供服务，提供资源支持。教导处、办公室、总务处等，努力从管理转向服务，从管理走向领导。

年级组成为一级独立单位。年级主任是校务委员，既是决策者也是执行者。这样改革提高了执行力，提高了效率，使学校能快速响应师生需求。年级具有人事权、财权、物权。将权力下放到年级主任，让资源靠近使用者，为使用者服务。

扁平化管理结构的目标指向学生和教师，通过扁平化和分布式领导，让更多优秀的教师参与学校管理，并形成“服务第一，师生导向”的工作意识。

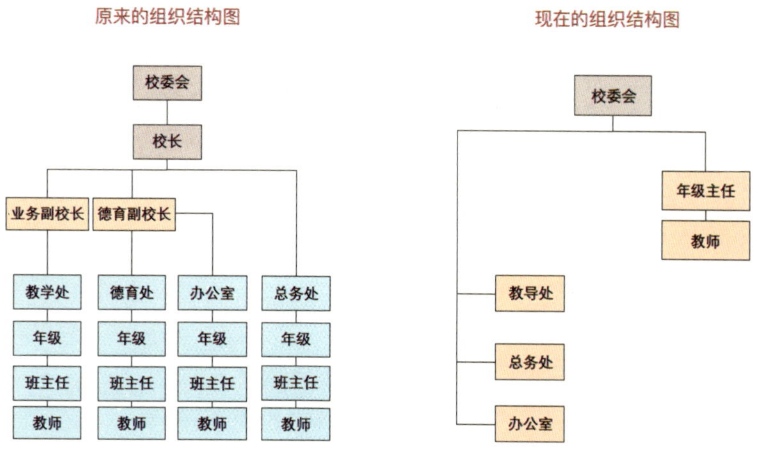

学校组织结构变化图

四、构建分层、分类、综合、特需的课程体系

课程是学校的核心产品，是育人目标和办学理念的重要载体。学校成立了课程研究院，结合国家课程标准和十一学校本部课程成果，进行校本化研究，构建了分层、分类、综合、特需的课程体系，以满足学生对课程多样性和选择性的需求。

表 1：学校课程情况

课程类型	科目
分层课程	数学、物理、化学、生物
分类课程	语文、英语、历史、地理、政治、体育、技术
综合课程	艺术、综合实践、游学
特需课程	援助课程、特种体育

我们还把课程理念贯穿到学校的各类活动中——开学典礼、狂欢节，综合实践活动、军训和社会实践等，并将德育课程化、体系化、具体化。

五、推进全员育人、自主管理。

从 2016 年 9 月 1 日开始，2016 级新初一 166 人和新高一 75 人开始选课走班，没有行政班，没有班主任，学生每人一张课程表。

学生有大量自己可以支配的时间。年级分布式领导指导学生自主规划时间（早读、自习、午休、体育锻炼、活动），各学科教师会主动介入帮助学生做好规划。

年级实行分布式领导，把年级层面的教育、教学管理事务分解给导师、咨询师、教育顾问、活动顾问、学业评价主管、选排课主管、自习项目组等。以上职位由教师根据自己的专长主动承担。

没有了班主任，每位教师不仅承担教学任务，更肩负教育的重担，还要关注学生的心理、情绪、人际交往等。

六、建设学科教室

初中学段总结表彰会

学科教室的建设是与选课走班教学组织形式相适应的。学科教室改变了教室功能，既是学生上课的地方，也是教师办公的场所。教师不动，学生流动，学科资源固定在教室中，学生随时可以在这儿得到学科资源和学科教师的指导，教室成为师生学科学习的重要载体。

教师根据学科特点和自己对课程的理解，把学科教室设计成为学科特点鲜明、能吸引学生的专业工作室。教室中有图书资料、挂图、海报、仪器、工具，还有学生作品、作业，等等。

七、建立服务于师生的评价与诊断体系

多样化的、可选择的课程，学生不同的成长需求，势必带来评价体系的变革。

我们实行过程性评价。过程性评价引导学生关注自己的学习过程，引导、帮助学生寻找自我的定位和努力方向。教师通过网络随时记录、及时反馈；学生调整自己的学习行为和策略，使学生看清“自己”，进行自我修正。

小学段期间付钰淋同学在演讲

学校开展基于学生发展的第三方学校诊断，来发现问题、明确问题。学校的诊断不等于评价，更不是绩效评定。学校自我诊断以学生发展为中心，从同伴、安全、文化、课程、教学、教师、组织领导、资源八个方面进行整体基础诊断，同时结合学校的关键时间点，进行领导力诊断、处室诊断等专项诊断，以全面了解学校学生、教师、职员和管理者的各方面诉求和感受。

八、思考

选课走班教学虽然取得了阶段性成果，但我们要始终关注所有学生是否都获得了适合自己的教育，如何让更多学生获得适合自己的教育。

选课走班教学比常规教学加重了教师的工作负担，备课量加大、作业的批改量加大，等等。另外，如何加强落实与反馈的实效性等，值得我们进一步思考。

新学校，新机遇，新生活

茹文晏

2016 年 8 月，随着学习“十一学校育人模式”的开展，学校转型成为一所“新”学校。2014 级学生作为“新”学校里的“老”学生，体验着“新”学校带来的“新机遇”。作为“新”学校里的“老”教师，我见证着孩子们在“新机遇”中经历的“新生活”，见证着他们在“新”学校里不一样的成长。

一、与众不同的“他”

杨某，性格内向、脾气暴躁。下课不爱说话，上课讨论，他总是处于旁听的位置；经常不交作业，屡教不改，与各科代表、班干部经常发生争吵，科任老师也总是向我告状。语文和英语只考二十多分，数学却有七十多分，家长明确告诉我：“老师，我们孩子不考高中，能上职高就行。”入学时曾向和他一个小学的孩子询问杨某的情况，结果让我大吃一惊——“老师，他傻”“老师，他小学就不写作业，他妈每天都到学校去”“我们老师都不管他”。可是，经过初一一年的观察和接触，我发现他除了学习成绩差，在生活和语言方面都没什么异常。

二、新机遇，“新”生活

进入初二，我详细记录了杨同学一个月以来出现的问题，再结合以往的经验，通过归因分析，发现所有问题都与“写字”有关系。为了验证自己的推测，我和他进行了深入交流。果然，这个孩子在写字上有很大困难。我们看起来很容易的笔画，在他看来简直无法逾越，辛苦一晚上记住的字和古诗，第二天就忘得一干二净。他想记住，可是又记不住，更不想被同学、老师笑话，于是就对学习能躲就躲，实在不能躲就要横装傻。于是，老师认为他不好好学习，同学们说他傻。

书写障碍，记不住，写不了，对一个学生而言是多可怕的事情啊！我不是专业人士，没办法解决他的问题，那么如何来解决这类孩子的教育问题呢？有人建议送他们去特殊学校学习，但他们并不是单纯的生理发育不全，写字障碍除了影响学习成绩外，并不妨碍其他方面发展。既然普通学校无法将这些学生拒之门外，那么就应该承担起教育这些学生的责任，每一位教师就要接受这些特殊的学生，悦纳每一位学生。

相比小学生，初中生已经有了比较强的自我认知意识和独立判断能力，教师的影响力大大减弱。要想改变杨某现在的自卑、自弃状态，只靠教师的言语鼓励是不够的，用行政命令约束其他学生也是不现实的，只有现实的成功，才能给他带来真正的转变。

一个人要想自信，首先要接受自己。《北京市十一学校行动纲要》中提到学生要“尊重自己，悦纳自己”。我和孩子进行了多次沟通，告诉他每个人都是独一无二的，都有自己的特点——他并不“傻”，只不过在书写和记忆能力上有缺失。虽然不影响生活，但在学校里，要承受比其他孩子更大的压力，同时他也应该接受别人对他的帮助。有了对自己客观的认识和接受，杨某逐渐改变了对同学的态度，对同学的督促也能够平和接受了，这样便减少了与同学的冲突。

同时，我和任课教师进行了及时交流，告诉老师们这个孩子的问题，让老师们给他更多发言的机会，用他的语言展示他的能力；并且针对他的特点，加大了课堂语言表现的评价赋分，使他得到更公平的评价。同时，我也调整了班级日常点评的标准。学生的学习能力不同，但对道德的认知和自我约束是没有差别的。这样，杨某得到了更多表扬，班级同学对他的接受度也越来越高。

同时，随着“十一学校育人模式”的推进，学校开设了美术、体育等多种课程，其中就有杨同学最喜欢的自行车运动。进入车队后，他如鱼得水。因训练刻苦，成绩突出，很快被选为队长，并带领来自初一、初二，高一、高二的队员，在北京市各项赛事中夺得奖项。学校的宣传海报、领奖台下同学们的崇拜让他有了成功的体验，慢慢地他有了转变。虽然成绩依然很差，但一改之前的内向、自卑，能主动和老师打招呼、聊天；课堂上也开始发言，谈论自己的看法；下了课，和同学聊骑行；放了学，和同学相约去骑行。因为和同学相处自然、融洽了，所以和初一时相比，减少了许多冲突。在初三时，他以骑行为素材的作文获得了模拟考 30 分的成绩，虽然字很稚嫩、语句也不完美，但对一个不擅长写字的孩子而言，已是很大的进步。作为教师，有什么比孩子的成长更让人满足呢？对教师而言，生活，不仅有眼前的分数，还有成长和远方。

三、成效与反思

杨某的转变，让我有了不少触动。

1. 让孩子客观地认识自己，平和地接受自己的样子

很多时候，我们对弱势孩子都爱使用“善意的谎言”，对低龄的孩子更是如此。我们会不吝惜地使用各种夸赞之词，试图让孩子相信

自己能行，他和其他孩子一样。这种“理想国”式的关爱却让孩子在现实中屡屡受挫，无法面对脱离了老师和家长的真实生活。

我们对弱势孩子的关爱不是将他和社会隔离，为他造出一个乌托邦，而应该是帮助他融入现实，实现独立生活。我想，教育的初衷，就是让孩子得到可持续发展的能力。因此，教师应该也必须让孩子面对现实，接受现实。重要的就是让孩子接受“与众不同”的自己。无论头脑聪明与否，身体完整与否，每个生命都是独一无二的，都是值得尊重的。只有正视自己，了解自己的不足，人才能够扬长避短、寻求帮助，才能坦然接受别人的注视。

2. 尊重学生个体，保护求知的愿望

每个人都需要学习，学习不仅仅发生在学校里，而是伴其一生的事情。正常孩子需要学习，弱势孩子更需要学习。对学习落后的儿童采用适当的教学方式，是教师的任务之一。我们不能以要求正常孩子的标准来要求那些学习落后的孩子。对他们，要尽一切努力发展他们的学习可能性，增强他们的记忆，细心地引导他们思考，以细致、耐心和同情心帮助他们体验学习的乐趣、体会成功的快乐。如果孩子能体会到学习的乐趣和成功的快乐，那么求知的愿望就将伴随着他的生活，让他们在生活中走得更远、走得更幸福。

3. 公平是对孩子最大的尊重

教师的教育对象是全体学生，在教学过程中应体现教育公平原则，尊重每一个学生，让每一个孩子都感到自己没有被忽视。

教育的公平不仅仅体现在让孩子有接受教育的机会，保证孩子不受老师歧视，更体现在是否提供了关注到每个孩子特点的课程、是否有合理的评价方式。如果学校只提供依靠记忆和书写才能完成的课程

和评价方式，像杨同学这样不擅长记忆的孩子，在校园中就永远不会体验到收获的快乐，也不会受到同伴尊重。没有发自内心的快乐，没有他人的尊重，让他们如何学会自尊、自信？体育、音乐、美术、科学等多种课程的开设，过程性评价的推进，才是对孩子的更大尊重。

4. 借助丰富课程，助力孩子起飞

初中生已经具有相当的自我认知能力和独立判断能力，仅依靠语言鼓励，会越来越无力。寻找更多的现实激励，才是解决之道。成功是成功之母。应给学生创造更多成功的机会，打造学生的亮点，用成功酿造成功与自信。

随着转型的进行，学生学习的形式、学习的课程将越来越丰富，教师要善于抓住课程契机，不放过任何一个让孩子起飞的机会。本案例中的杨某正是借助自行车课程，赢得了同学对他的认可，体验到了自己付出努力后收获的喜悦。这种认可和喜悦是他在文化课学习中无法得到的。这些体验，不仅启动了他的学习，启动了他和同学的良好互动，启动了他对老师、学校的积极印象，更启动了一个孩子内心对生活的热爱和期待。

无论是新的课程标准的实施还是“十一学校育人模式”，都要求我们要着眼于“人”的发展，我们没有理由放弃任何一位学生。我们的教育，要给学生更多的包容，给他们提供一种空间，给他们提供一种帮助。

希望通过我们的不懈努力，能让孩子在我们的学校里过着幸福生活，在幸福中健康成长。而我们也将随着孩子的成长成就自己的幸福，成就我们的“新学校”。

图书在版编目（CIP）数据

一所学校的教育蜕变 / 孙天华主编 .—北京：中国人民大学出版社，2018.6

ISBN 978-7-300-25821-8

Ⅰ. ①一… Ⅱ. ①孙… Ⅲ. ①高中－教育模式－研究－中国 Ⅳ. ① G632.0

中国版本图书馆 CIP 数据核字（2018）第 111701 号

一所学校的教育蜕变

孙天华 主编

Yi Suo Xuexiao de Jiaoyu Tuibian

出版发行	中国人民大学出版社		
社　　址	北京中关村大街 31 号	**邮政编码**	100080
电　　话	010－62511242（总编室）		010－62511770（质管部）
	010－82501766（邮购部）		010－62514148（门市部）
	010－62515195（发行公司）		010－62515275（盗版举报）
网　　址	http://www.crup.com.cn		
	http://www.ttrnet.com（人大教研网）		
经　　销	新华书店		
印　　刷	北京东君印刷有限公司		
规　　格	168 mm × 239 mm　16 开本	**版　　次**	2018 年 6 月第 1 版
印　　张	14.5　插页 1	**印　　次**	2018 年 6 月第 1 次印刷
字　　数	200 000	**定　　价**	68.00 元
